철학에게 미래를 묻다

안광복 지음

철학에게 미래를 묻다

미래를 읽는 22가지 생활 속 화두

Humanist

프롤로그

상식을 깨는 22개의 마이너리티 리포트

– 철학으로 미래 읽기

1970년

내가 태어난 해다. 우리 경제는 한창 피어나고 있었다. 그 후로도 대한민국은 후퇴를 몰랐다. 항상 어제보다는 오늘이, 오늘보다는 내일이 나았다. 지금의 학생들도 나와 별다르지 않은 세상을 살아간다. 한국의 미래를 그리라 하면, 아이들 대부분은 지금보다 훨씬 잘살고 정의로운 나라를 떠올린다.

1880년

《서구의 몰락》을 쓴 슈펭글러가 태어난 해다. 당시 유럽은 난장판으로 흘러가고 있었다. 곳곳에서 '우리 민족끼리'를 외치며 싸움이 벌어졌다. 1914년에는 세계 대전이, 1917년에는 러시아 혁명이 휘몰아쳤다. 항상 어제보다는 오늘이, 오늘보다 내일이 더 암울해 보였다. 사람들은 미래를 불안과 절망이 가득한 모습으로 그렸다. '서구의 몰락'이란 책 제목이 가리키듯 말이다.

기원전 470년

철학자 소크라테스가 태어난 해다. 페리클레스가 다스리던 아테네는 전성기를 맞고 있었다. 그리스는 대국大國 페르시아도 물리쳤다. 그 중심에 아테네가 있었다. 경제는 늘 호황이었고 시민들의 사기는 하늘을 찔렀다. 그들은 미래를 어떻게 내다보았을까? 어제보다 오늘이, 오늘보다 내일이 밝고 빛나는 모습으로 그리지 않았을까? 미래의 모습은 늘 현재 상태에서 예측하게 마련이다.

하지만 소크라테스는 달랐다. 그는 스스로를 '아테네라는 혈통 좋은 말〔馬〕이 잠들지 않게끔 깨물어 대는 등에gadfly'라고 불렀다. 그는 장밋빛 미래를 꿈꾸는 아테네 사람들에게 질문을 퍼부어 댔다. "정의로움이란 무엇인가?", "잘 사는 삶이란 어떤 것일까?", "진정한 용기란 무엇인가?"

질문을 따라가다 보면, 아테네는 정의롭지도 잘 사는 것도 아니며, 용기 있다기보다 비겁하다는 결론에 다다를 터였다.

상식을 흔드는 질문은 불편하다. 당시 시민들 다수는 소크라테스를 '쓸데없이 깐죽대는 사람' 정도로 여겼다. 모든 게 잘 풀리고 있는데 왜 세상을 삐딱하게 보도록 이끈단 말인가? 때리는 시어미보다 말리는 시누이가 미운 법이다. 아테네가 그의 '경고'대로 몰락에 접어들 무렵, 소크라테스는 고소를 당하여 죽음을 맞았다.

철학자란 소크라테스가 했던 일을 하는 사람들이다. 밝은 세상에서는 어둠을 떠올리게 하는 물음을, 울적한 전망이 판치는 곳에서는 희망을 찾는 물음을 던진다. 이 책에서 하려는 작업도 다르지 않다. 상식은 '널리 퍼진

믿음common sense'에 지나지 않는다. 많은 사람이 믿고 있을 뿐 진리는 아니라는 뜻이다. 상식이라 여겼던 것이 '어리석음'으로 밝혀지는 경우도 많다.

나는 이 책에서 22개의 생각거리를 뽑았다. 사생활, 집중력, 다이어트, 공짜 경제, 글로벌 푸드 등등. 언뜻 보면 작고 사소한 문제들이다. '철학'을 내세웠지만, 이 책에서 독자들은 여느 사상서에 나오는 철학자는 만나지 못할 것이다. 에바 일루즈, 프랑크 쉬르마허, 에릭 슐로서 등 아마도 이 책에서 처음 만나는 이론가들이 대부분일 테다.

이 책은 일종의 '마이너리티 리포트minority report'이다. 유명한 사상가들은 시대의 큰 목소리를 이룬다. 당연히 그들의 주장은 상식에 가까울 수밖에 없다. 상식을 깨는 목소리는 소수 이론가들의 몫이다. 눈 밝은 이들이 '발굴'해 주지 않는다면, 그들의 혜안慧眼은 놓치기 쉽다.

나는 유망주를 발굴하는 심정으로 '마이너리티 리포터'들을 찾았다. 그리고 사소한 것에서 시대의 흐름을 짚어 내려고 애썼다. 이 같은 노력은 수사관의 그것과 다르지 않다. 범인은 눈에 띌 만한 증거는 곧잘 감춰 버린다. 그러나 소소한 단서는 흘려 놓기 쉽다. 나는 '우리 시대'라는 범인이 놓칠 만한 소소한 주제들을 파고들었다. 그리고 최선을 다해 미래를 읽으려 했다.

철학자는 물음을 던질 뿐이다. 답은 오롯이 독자의 몫이다. 다만 철학자는 '좋은' 질문을 던지려 최선을 다한다. 좋은 질문은 생각을 영글게 한다. 그리고 세상을 달리 보게 한다. 매 꼭지마다 'Crystal Seed'라는 물음을 달아 놓았다. 생각이 크리스털같이 영롱하게 맺히게 하는 씨앗 물음들이다.

이 책을 쓰는 데 2년여의 시간이 걸렸다. 원고에 매달려 있는 내내 나는 행복했다. 철학자는 생각의 나래를 펼칠 때, 모든 가능성을 떠올리며 회의할 때 가장 철학자답다. 이때만큼은 점점 버거워지는 생활의 무게도 나를 짓누르지 못했다. 부디 독자들도 철학함doing philosophy의 즐거움을 느꼈으면 좋겠다. 그리고 '상식'이 이끄는 미래가 아닌, 마땅히 가야 할 미래를 꿈꿀 수 있었으면 좋겠다. 물론 이는 독자의 몫이다.

2012년 4월

안광복

차례

3장 공짜를 위한 무한 경쟁? _변화하는 경제 체제를 말하다

4장 '둠'에서 '퓨처'로 _디지털 인류의 진화론을 쓰다

1

문제는 '디테일'
—일상에서 미래를 읽다

1980년대 학교 건물은 붕어빵같이 똑같았다. 반면 2000년대에 지은 학교들은 모양새가 제각각이다. 육면체 틀을 깬 건물도 적지 않다. 왜 이런 차이가 날까? 1980년대는 군사 독재 시대였다. 2000년대는 민주주의와 다양성을 강조하는 포스트모던 문화가 꽃피었다. 건물이 시대의 분위기를 오롯이 담은 셈이다.

어디 건물에만 시대가 담기겠는가. 패션과 말본새, 일상용품 등 시대 분위기는 세세한 곳에 녹아 있다. 신자유주의, 페미니즘, 환경주의 같은 머리 아픈 이론보다는 일상의 풍경에서 혜안을 찾게 되는 이유다.

1부에서는 사생활, 감정, 다이어트, 성(性), 가족, 집중력에 관해 다룬다. 이들 하나하나는 '사소한' 일상의 문제로 보일지 모른다. 그러나 결정적 단서는 늘 가깝고 사소한 데 있는 법이다. 이 여섯 개 주제는 씨줄과 날줄로 엮여 미래의 상(像)을 그려 낼 것이다. 어떤 독자는 이 여섯 개 주제에서 스파르타 같은 사회 분위기와 독재를 예감할지도 모르겠다. 불행한 미래지만, 피할 수 '있는' 미래이기도 하다. 생각하고 또 대비할 일이다.

1

사생활의 미래

권력에서 '문화 콘텐츠'로

조선의 왕은 혼자 있는 시간이 거의 없었다. 업무를 볼 때는 사관과 관리들의 눈을 의식해야 했다. 사관은 폐쇄 회로 카메라CCTV처럼 왕의 말과 행동을 빠짐없이 기록했다. 기록에 틀림이 없는지 확인하기 위해 왕에게는 항상 사관이 두 명씩 따라붙었다.

업무를 마친 뒤에도 왕의 주변은 시종들로 가득했다. 지밀상궁을 비롯해 숱한 궁녀와 내시가 왕을 따라다녔고, 잠자리에 들 때도 여덟 명의 궁녀가 방 밖에서 지키고 서 있었다. 부부 관계도 함부로 가질 수 없었다. 왕이 그 일로 건강을 해치지 않도록 궁 안의 상궁 중 가장 어른인 큰방상궁이 '체계적으로 관리'했기 때문이다.

왕에게는 노출이 필요했다?

이런 사정은 유럽의 왕들도 마찬가지였다. '태양왕' 루이 14세가 살았던 베르사유 궁에는 방과 방 사이에 복도가 없었다. 그러니 건물 한쪽에서 반대편까지 가려면 모든 방을 통과해야 했다. 하지만 누구에게나 감추고 싶은 일상이 있지 않은가. 옷도 갈아입고 잠도 자야 할 것이다. 그런데 왜 궁궐을 지을 때 왕의 사생활은 생각하지 않았을까?

온종일 누군가가 나를 쳐다본다는 사실은 소름 끼친다. 하지만 왕들에게는 '노출'이 필요했다. 그들에게 사생활은 곧 권력이었기 때문이다!

조선에서나 유럽에서나 왕의 사생활을 볼 수 있는 사람은 몇 안 되었다. 임금과의 거리는 권력의 크기를 나타냈다. 지밀상궁과 내시는 '최측근'으로서 왕의 일상을 뒤치다꺼리했다. 그래서 대감들도 그들을 함부로 대하지 못했다. 구한말 일본인들도 고종의 환심을 사려고 상궁들에게 지극 정성을 쏟았다. 그들이 자칫 입바른 소리를 했다가는 고종의 마음을 자기들 편으로 돌리기 어려웠기 때문이다.

관리들도 임금의 총애를 받고자 목숨을 걸었다. 누군가 왕의 침전으로 불려 가면 그 사실 자체가 큰 영광이었다. 왕과의 독대獨對는 자신이 중요한 인물임을 증명하는 셈이었다. 고종의 아버지 흥선 대원군은 경복궁에 자신만 드나드는 문을 따로 두었다. 왕과 언제든 개인적으로 만날 수 있는 권력자임을 내보인 것이었다.

루이 14세도 마찬가지다. 그는 자신의 사생활을 철저히 정치에 이용했다. 베르사유 궁으로 몰려와 살던 귀족들에게 그는 사생활을 감추지 않았다. 옷 갈아입는 장면과 심지어 볼일 보는 모습까지 그대로 노출했다. 그렇지만 모두가 왕의 사생활을 볼 수는 없었다. 왕의 사랑을 담뿍 받는 자들만 그런 '영광'을 누렸다. 왕의 사생활을 엿보는 '특혜'를 누리려고 귀족들은 충성 경쟁을 벌였다.

왜 유럽의 집에는 홀만 있었을까?

100여 년 전만 해도 '사생활'은 아무에게나 있는 게 아니었다. 사생활이란 '남과 상관없는 개인의 생활'을 말한다. 따라서 이 '사생활'이 있으려면 직장과 가정이 분리되어야 한다. 옛 농촌에서 그랬듯 가족이 곧 동료 일꾼이라면 '사생활'은 있을 수 없다. 예를 들어 아버지에게 "이건 제 사생활이니 상관하지 마세요."라고 말하기란 아주 어렵다. 반면 일터에서 만나는 사람과 가족이 구분된다면 이야기는 다르다. 직장 동료에게는 가족이나 친구 관계 등을 함부로 묻지 못한다. 그건 업무와 상관없는 '개인적인 일'이기 때문이다.

사생활을 누리려면 자기만의 공간도 필요하다. 우리 아버지 세대에서는 어린 시절 자기 방을 가졌던 분들을 찾기가 어렵다. 좁은 방에서 형제들이 부대끼며 살았다. 할아버지 세대는 대부분 초가삼간에서 온 가족이 함께 지냈다.

서양도 별다르지 않다. 제1차 세계 대전까지만 해도 침대 하나에 한 명씩 자는 일은 '호사豪奢'였다. 수백 년 전 유럽의 집에는 홀hall은 있었어도 방은 없었다. 널찍한 공간인 홀에서 식구들이 함께 지낸 까닭이다. 같은 공간에서 함께 일하고 밥 먹고, 잠도 같이 자는 일상에서 사생활이 생길 리 없었다.

사생활을 가지려면 경제적 여유가 있어야 한다. 예전에는 남들 신경 안 쓰며 홀가분하고 자유롭게 살 만큼 주머니 사정이 넉넉한 이들이 몇 안 되었다. 게다가 홀로 나다니는 일은 무척 위험하기까지 했다. 치안은 어디나 형편없었다. '사생활'을 찾겠다며 혼자 다녔다가는 강도를 만나기 십상이었다. 그러니 사생활은 아무나 누리는 게 아니었다. 일터와 떨어진 가정,

자신만의 공간과 여유를 가진 사람들이나 누릴 수 있는 것이었다. 그런 사람이라면 당연히 귀족이나 부자들이었으리라.

일촌 맺기, 평범한 사생활의 특권

제2차 세계 대전이 끝나고 나서야 사생활은 비로소 '대중화'되었다. 경제가 살아난 덕택이었다. 주택 보급이 늘어나면서 자기만의 공간을 가진 이들도 많아졌다. 그뿐 아니라 도시로 사람들이 몰리면서 점차 일터와 가정이 분리되었다. 귀족이나 누리던 사생활을 이젠 서민들도 갖게 된 것이다.

'특권'이었던 사생활이 누구에게나 자연스러운 권리가 되었다. 누구도 개인의 은밀한 부분을 함부로 건드려선 안 된다. 한식구라도 다른 사람의 방에 들어가기란 조심스럽다. 노크를 하고 인기척을 내야 한다. 그 사람만의 '개인적 공간'이기 때문이다.

더 나아가, 왕이 아닌 일반 시민도 예전에 왕이 그랬듯 사생활을 남에게 베푸는 '특권과 은혜'처럼 사용하게 되었다. 아무런 기별 없이 내 방에 불쑥 들이닥쳐도 되는 친구라면 그는 내게 각별한 사람이겠다. 오래전 왕과 귀족이 자신이 총애하는 이에게 자기 사생활을 엿볼 수 있는 '은혜'를 베풀었다면, 이제는 보통 사람도 자기 사생활을 특정한 누군가에게만 드러내며 '특혜(?)'를 내리곤 한다.

인터넷의 '일촌' 문화도 '사생활 접근 특혜'에 속한다. 내가 남다르게 생각하는 사람만 나의 사생활을 볼 권리가 있다. 허락받지 않은 사람이 내 일상을 몰래 엿보다가는 한바탕 난리를 치를 게 뻔하다. '사생활 보호'라는 이름의 장벽이 높아질수록 사생활이 지니는 힘은 커진다.

사생활, '저작권 있는 콘텐츠'가 되다

사생활은 권력일 뿐 아니라 돈이 되기도 한다. 유명인들의 사생활은 더더욱 그렇다. 영국의 황색 신문Yellow Paper들은 왕족과 유명인들의 일상을 파헤쳐 먹고산다. '파파라치'들은 얼굴이 잘 알려진 사람들의 뒤를 쉴 새 없이 좇는다. 그들의 은밀한 생활을 담은 사진 한 컷이 엄청난 이익을 안겨 주기 때문이다.

유명인들 역시 대개는 자신의 사생활을 끊임없이 노출한다. 그들이 텔레비전 연예 프로그램이나 토크쇼에 출연해서 하는 이야기 대부분은 자신들의 사생활이다. 영화배우 누구와 차를 마셨다는 둥, 정치인 누구와 찜질방에 갔다는 둥, 우리가 '굳이 몰라도 되는' 소소한 일상 이야기다.

하지만 이들에게 사생활은 '저작권 있는 문화 콘텐츠'와도 같다. 대중이 흥미롭게 여기는 그들의 일상은 엄청난 출연료로 값이 매겨진다. '사생활 보호'를 외치면서도 결국 '사생활 노출'로 돈을 버는 셈이다.

평범한 사람들의 사생활마저 요즘은 '문화 콘텐츠'가 되었다. 인터넷에는 일상의 재미있는 모습을 담은 UCCUser Created Contents가 넘쳐 난다. 대부분은 스스로 찍은 동영상을 사이트에 올린 것이다. 이런 사이트들은 비싼 광고를 끌어들이며 이득을 챙긴다. 사생활은 황금 알을 낳는 거위가 되었다.

사생활은 문화 산업을 키우는 성장 동력이 되기도 한다. 경제학자이자

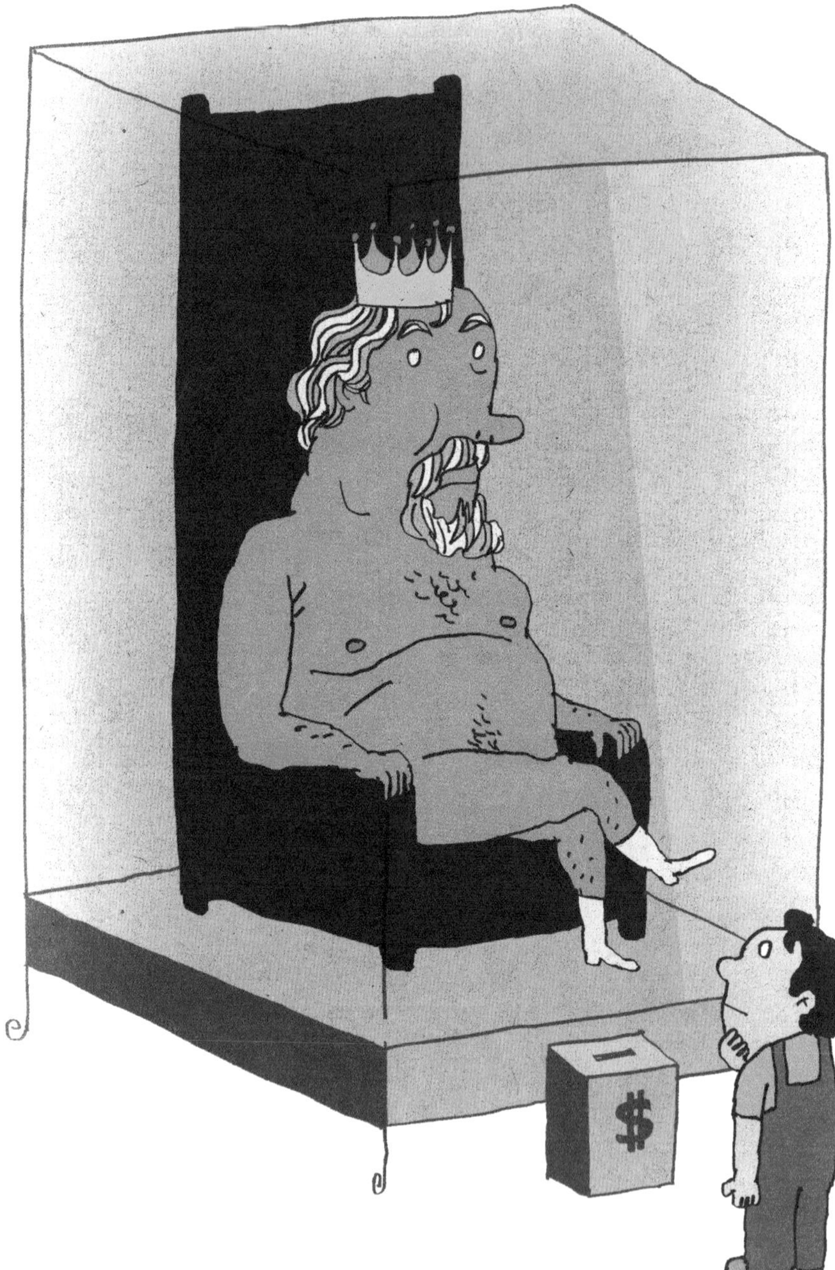

미래학자인 제러미 리프킨Jeremy Rifkin은 '문화 고갈'을 심각하게 걱정한다. 문화가 성숙하려면 새롭고 신선한 소재가 풍부해야 한다. 카우보이, 아프리카 식인종, 인도 수도승같이 눈길을 끄는 아이콘, 《신데렐라》와 《심청전》처럼 재미있는 이야기들이 있어야 영화도 찍고 테마 파크도 만들지 않겠는가.

하지만 이제 '신기하고 신선한' 것들은 별로 없다. 가까운 놀이공원만 가도 인도의 타지마할부터 아마존의 밀림, 동화책에 나오는 과자로 만든 집과 용궁까지, 어지간한 흥밋거리들은 죄다 훑을 수 있으니까 말이다. 호기심을 끌어내려면 흥미진진한 무언가를 끊임없이 발굴해야 한다. 그뿐인가. 석유나 석탄처럼 문화 자원도 고갈되고 있다. 지구가 한마을이 된 세상에서 참신한 콘텐츠를 찾아내기란 정말이지 힘들다.

이런 상황에서 사생활은 풍부한 이야깃거리를 풀어 놓는다. 사생활은 마르지 않는 '문화의 샘'이다. 누구나 가진 '무한정한 자원'이기 때문이다. 유명인부터 평범한 서민까지, 하루에도 엄청난 양의 사생활 콘텐츠를 새로이 토해 내고 있지 않은가. 인터넷 게시판은 사생활이 상품화되는 장場이다. 그리고 현실 세계는 디지털카메라나 영상 편집기 등 사생활을 상품으로 '가공'하는 도구들로 넘쳐 난다.

아무나 볼 수 없지만 누군가는 엿보고 있다

사생활 관리 역시 '확실하게 돈 되는 사업'으로 자리 잡았다. CCTV는 현대판 '사관'이다. 주변에 숱하게 널린 카메라는 우리의 모습을 빼곡하게 저장한다. 교통 카드는 나의 행선지를 시간과 장소별로 차곡차곡 기록해 놓는다. 인터넷에서 내가 둘러본 사이트 역시 모두 서버에 기록되고 저장된다. 어찌 보면 현대인의 일상은 과거 왕들보다 더 철저하게 기록되는 셈이다. 그렇게 해서 쌓인 개인 정보가 기업체에 비싼 값에 팔리기도 한다.

사실 왕과 귀족들은 편안하게 살지 못했다. 그들의 사생활은 아무나 볼 수 없는 것이었지만, 누군가는 항상 그들을 지켜보고 있었기 때문이다. 현대인도 마찬가지다. 나의 생활을 함부로 들춰내지는 못하지만, 나의 사생활은 언제나 기록되고 관리된다.

불쾌하다고 화를 낸들 소용이 없다. 왕은 자기 신발 끈도 제대로 맬 줄 몰랐다. 자잘한 일까지 시종들이 해 주었던 탓이다. 자기 주변을 맴도는 심부름꾼들이 없으면 왕은 아주 불편한 일상을 살게 된다. 현대인도 다르지 않다. 교통 카드를 찍는 대신 현금을 내서, 아예 기록을 남기지 않는 식으로 모든 감시와 관리를 끊는다고 해 보자. 그로 인한 불편을 참아 낼 사람이 과연 몇이나 될까? 혹 불편을 감수할 의사가 있다 해도 현대 도시에서 그러한 삶은 거의 불가능하다.

궁궐은 수많은 사람의 시선이 뒤얽힌 유리 상자와도 같았다. 현대인도 숱한 감시와 기록 장치로 촘촘하게 얽힌 유리 상자 같은 세상 속에서 살아간다. 왕과 귀족의 특권이던 사생활을 얻은 대신에 꼭 그만큼의 구속을 떠안은 꼴이다.

왕은 무소불위의 권력을 가졌지만 자유롭지는 못했다. 제멋대로 살다가는 주변의 끊임없는 잔소리에 시달려야 했다. 막돼먹었다가는 신하들에 의해 쫓겨날 수도 있었다. 현대인도 그렇다. 인간은 존엄해졌지만 그 대신 많은 자유를 잃었다. 〈세계 인권 선언〉은 어느 누구도 남의 사생활에 간섭해서는 안 된다고 못을 박는다. 그럼에도 내 맘대로 살았다가는 규제와 감시가 목을 조를 것이다. 우리는 사생활을 얻는 만큼 자유를 잃는다. 이 괴상한 현실은 우리에게 이득일까 손해일까?

사생활 침해? '개인적인 삶'은 꼭 필요한가?

세금 떼먹기는 점점 어려워진다. 전산화 기술이 완벽해질수록 우리 돈주머니는 '유리 지갑'이 되어 간다. 그뿐만이 아니다. 사소한 잘못을 저질러도 곳곳에 '증거'가 남는다. CCTV부터 인터넷 기록까지, '털면 다 나오는 세상'이다. 이런 지경이라면 사생활이라는 개념은 '알면서도 모르는 척하는 것'에 가깝다.

과학은 할 수 있는 것을 결국은 꼭 이루어 내고 만다. 언젠가는 베갯머리 대화까지 알아내는 시대가 올지 모른다. 이미 방 안에서 소곤거리는 대화까지 엿듣는 기술이 개발되었다. 유리창에 센서만 붙이면 가능하다고 한다.

모든 '사생활'을 알아낼 수 있는 세상이다. 그렇다면 과연 '개인'을 존중할 필요가 있을까? 조선 시대까지만 해도 '개인'이라는 건 없었다. 부인으로서, 남편으로서, 자식으로서, 신하로서 해야 할 '역할'이 있었을 뿐이다. 군자君子란 자신의 '본분'에 충실한 사람이다. 당연히 개성은 억누르고 없애야 했다. 감시 기술은 우리를 바르게 살도록 몰아붙인다. 그 기술을 이용해 생활의 소소한 부분까지 기록하며 '올곧게 다잡아 버린다면' 개인의 삶을 존중한다는 게 무슨 의미가 있을까? 혹 개성을 버리고 가족과 사회에서 맡은 역할에 충실하라는 정명正命의 가르침이 우리의 미래가 되지는 않을까?

미래를 읽는 책

제러미 리프킨 지음, 이희재 옮김, 《소유의 종말》, 민음사, 2001
조르주 뒤비 외 지음, 전수연 · 주명철 옮김, 《사생활의 역사》, 새물결, 2002
미셸 푸코 지음, 오생근 옮김, 《감시와 처벌》, 나남출판, 2003

2

맥 감정, "당신은 잘못 느끼고 있습니다"

"뭣들 하느냐! 어서 잡아들이지 않고!"

역사극에서 자주 듣는 말투다. 다짜고짜 반말에 기분 나쁜 명령조다. 상대방에 대한 배려라고는 전혀 없다. 그래도 듣는 쪽은 고개를 조아릴 뿐이다. 불만이 있어도 속으로 삭혀야 한다. 말하는 이는 '상전' 아니던가.

오늘날 직장에서 이런 식으로 하면 어떻게 될까? "뭣들 해? 당장 하지 않고!" 하루 이틀은 몰라도, 언젠가는 책상이 뒤집힐지 모르겠다. 상사면 상사지, 제가 뭔데 나를 함부로 대한단 말인가.

하지만 옛사람들은 이런 '감정'을 별로 중요하게 여기지 않았다. 공적 업무에서는 더욱 그랬다. '충성'과 '순종' 같은 덕목이 섭섭함이나 애틋함보다 앞서야 했다. 감정은 감추고 눌러야 하는 것이었다.

하지만 현대 사회에서는 다르다. 감정을 읽고 섬세하게 챙기는 일이 엄연한 '업무'로 여겨진다. 따뜻한 마음도 '능력'이라고 생각하는 세상이다. 과연 '감정'이라는 것은 언제부터 우리에게 중요해졌을까? 프랑스의 사회학자 에바 일루즈Eva Illouz는 1920년대를 감정이 비중 있는 문제로 떠오른

시기로 꼽는다.

호손 공장의 실험

1920년대, 전화기를 만들던 미국의 호손 공장에서 흥미로운 실험이 이루어졌다. 이곳에서 경영학자 엘튼 메이요Elton Mayor는 조명 밝기에 따라 생산량이 어떻게 달라지는지 연구했다. 조명을 어둡게 하자 작업 성과가 좋았다. 그러나 조명을 밝게 해도 노동자들은 열심히 일했다. 공장의 밝기를 보통 때처럼 하면 어땠을까? 역시 작업 능률이 올랐다. 실험 내내 조명과 상관없이 생산량은 평소보다 많았다.

깜짝 놀란 메이요는 그 이유를 따져 보았다. 알고 보니 원인은 조명이 아니었다. 생산량이 늘어난 까닭은 '바라보는 사람들의 눈'에 있었다. 연구원들은 하루 종일 노동자들을 관심 있게 살폈다. 그러고는 이모저모 진지하게 묻곤 했다. 노동자들은 자신이 주목받는다고 느꼈다. '관심을 받고 있다'는 뿌듯함이 더 많은 생산을 가능하게 했던 것이다.

호손 공장 실험은 '인간 중심 경영'을 열었다. 칭찬은 고래도 춤추게 한단다. "무엇 무엇을 하면 처벌받을 수 있다." 같은 경고보다, 감정을 보듬고 다독이는 쪽이 더 효과적이다.

1920년대는 기업의 덩치가 커지던 시기였다. 일터 하나에 수백 수천 명의 노동자들이 몰려 있었다. 그러니 기업이 근로자 한 사람 한 사람과 진지한 관계를 맺기란 쉬운 일이 아니었다. 일꾼들의 불만은 커져 갔다. 무시당한다는 느낌만큼 속상한 일도 없다. 억울한 마음이 쌓이면 파업 같은 큰 문제로 이어지곤 했다.

이런 문제는 옛날 같으면 '신분'이 해결해 주었을 테다. "천한 것들이 무슨 말이 그리 많으냐." 하는 식이겠다. 그러나 평등한 세상에서는 절대 안 될 일이다. 기업 조직이 커지면서 노동자에게 관심을 기울이고 다독이는 '능력'이 경영자에게 점점 중요해졌다.

감정 노동, 맥 감정의 탄생

게다가 1920년대는 서비스 산업이 한창 자라나던 시기이기도 했다. 사람을 상대하는 장사에서는 감정 관리가 무엇보다 중요하다. 서비스하는 사람이 자기 성질대로 손님을 대할 수는 없는 노릇이다. '손님은 왕'이 되었다. 손님이 말도 안 되는 요구를 해도 친절하게 대하며 웃어야 한다.

그럴수록 '감정 노동emotional labor'은 늘어만 간다. 자신이 지금 어떤 기분이든 상관없다. 성실한 사회인이라면 마땅히 그 자리에 알맞은 감정을 '느껴야' 할 터이다. 사회학자 앨리 러셀 혹실드Alie Rusell Hochschild는 어느 항공사의 '감정 관리 기술'을 들려준다.

승객이 막무가내로 나올 때는 어떻게 해야 할까? 마구 짜증을 내며, 심지어 물건을 집어 던진다면? 이럴 때는 승객을 어린아이로 생각하라. 40세 어른의 짜증은 참기 어려워도, 네 살짜리 어린아이의 투정은 쉽게 받아 줄 수 있다. 아니면 저 사람한테 무척 속상한 일이 있으리라고 짐작하라. 나를 공격하는 것이 아니라, 자신의 화를 터뜨리고 있을 뿐이라고 말이다.

그래도 못 견디겠다면 어떻게 해야 할까? 아무리 달래도 여전히 '진상 짓'을 멈추지 않는다면? 이럴 때는 퇴근까지 얼마나 남았는지 시간을 재고 있으면 된다. "앞으로 한 시간 뒤면 퇴근이다. 30분 남았다, 20분 남았다……." 이런 식이다.

맥도날드 같은 패스트푸드점에서는 아예 '고객을 대하는 매뉴얼'이 있단다. 전 세계 어디서나 빅맥 햄버거 맛이 똑같듯 고객 서비스도 똑같다. 전 세계 어디서나 맥도날드에서는 똑같은 인사와 미소를 만날 수 있다. 고객이 말도 안 되는 요구를 할 때마다 어떻게 해야 하는지도 세세히 정해 놓았다. 직원들에게서 전해지는 그 느낌을 '맥Mc 감정'이라고 불러도 손색없을 정도다.

친절은 이제 기본이 되어 버렸다. 웃지 않는 직원은 '성실하지 못하다'고 여겨지기까지 한다. 어디서나 웃고 또 웃어야 한다. 경쟁이 치열할수록 감정 노동의 강도도 높아진다. "네 감정이 어떻든 매뉴얼대로 느끼고 행동하라." 어느 위치에 있어도 감정 노동에서 벗어나기는 어렵다. '맥 감정'은 사회생활에서 빠뜨릴 수 없는 '업무'로 자리 잡았다.

냉소하는 인터넷

그러나 하루 종일 미소만 지으며 살 수는 없다. 나의 진짜 마음을 누구에게라도 드러내야 숨통이 트인다. 답답하게 억눌린 내 감정은 누가 풀어 줄까? 안타깝게도 내 감정을 알아줄 사람들은 점점 사라지고 있다.

가족은 내가 속마음을 드러내도 되는 사람들이다. 그러나 가족끼리는 말수가 줄어만 간다. 깊은 관계는 오랜 시간을 함께할 때 만들어진다. 관심사가 비슷해야 대화도 많아진다. 하지만 지금 우리 가족은 어떤가? 부모는 각자의 직장에서 대부분 시간을 보낸다. 아이들의 하루는 학교와 학원에서

채워진다. 함께 얼굴을 맞댈 시간도 적고 생활 방식도 제각각이다. 가족끼리의 대화가 힘든 이유다.

친구들은 어떨까? 마음을 나눌 만큼 오래 깊이 만나는 친구가 드물다. 초등학교에서 중·고등학교, 대학교로 옮겨 가며 친구들을 만났다가 헤어지는 과정이 반복된다. 각박한 경쟁에 치여 사느라 여러 해에 걸쳐 우정을 쌓을 기회는 적어졌다. 직장에서 우정을 쌓기란 더 어렵다. 현재의 동료들과 10년 뒤까지 계속 인연을 맺을 가능성이 얼마나 될까?

사귄 시간이 짧고 관계의 깊이가 얕으면 진실한 자기감정을 드러내기가 어렵다. 이럴수록 우리는 다시 '감정 노동'에 빠져든다. 속마음을 감춘 채 상냥하고 친절하게 상대를 대한다. 상대방도 나긋하게 다가온다. 그럼에도 마음 한구석은 헛헛하기만 하다.

에바 일루즈는 인터넷이 인간관계를 더욱 부실하게 만들었다며 목소리를 높인다. 인터넷은 더 많은 사람을 만날 수 있는 공간이다. 집에 돌아와서도 가족 얼굴보다 모니터를 보는 시간이 더 많은 이가 적지 않다. 인터넷 세상에서는 마음 맞는 사람들이 어디에나 널렸다. 현재 자주 찾는 카페나 동호회 모임이 마음에 안 들면, 더 끌리는 곳으로 옮기면 그만이다. 언제든 내가 바라는 순간에 원하는 만큼만 사람을 만날 수 있다.

그러나 인터넷으로 우리의 인간관계가 정말 풍성해졌을까? 에바 일루즈는 고개를 가로젓는다. 일루즈에 따르면, 우리가 인터넷에서 느끼는 감정은 '냉소'다. 냉소란 "별것 없다는 사실을 알면서도 그 일을 또 하지 않을 수 없는" 상태다.

인터넷에서는 관계를 진득하게 이어 나가기 어렵다. 언제라도 지금보다 나은 대화 상대와 집단이 나타나게 마련이다. 그러다 보니 현재의 인간관계는 대체로 만족스럽지 않다. 늘 비교를 하게 되는 탓이다. 계속 다른 사람, 다른 만남의 장소로 눈길이 간다. 이럴수록 인터넷에서도 감정 노동이 반복된다. 잘 모르는 사람들과 계속 마주쳐야 하니, 언제나 '알맞은' 감정 상태로 상대를 대하는 것이다. 나의 진실한 감정을 드러내고 이해받을 기회는 인터넷 세상에서 오히려 적다.

당신은 잘못 느끼고 있습니다

원숭이들은 '글루밍glooming'을 한다. 글루밍이란 서로의 털을 골라 주고 쓰다듬는 일이다. 스킨십을 통해 정을 나누는 셈이다. 인간들은 말로 글루밍을 한다. 따뜻한 말과 관심으로 서로 애정을 나눈다는 뜻이다. 글루밍이 제대로 되지 않은 원숭이는 우울증에 빠진다. 사람도 별다르지 않다.

글루밍을 하는 무리는 아주 클 수가 없다. 고작해야 십여 마리다. 이보다 많았다가는 하루 종일 털만 쓰다듬고 있어야 할 테다. 사람도 마찬가지다. 진정으로 마음을 보듬는 사이는 몇 명을 못 넘긴다. 수백 명과 '진정한 관계'를 맺기란 신이 아니고서야 불가능하다.

그럼에도 오늘날에는 인간관계의 폭이 넓어지기만 한다. 어디서나 친절한 미소를 띠고 다가오는 사람들로 넘쳐 난다. 만나는 사람은 늘어도 깊은 속을 나눌 사람은 줄어든다. 내 진실한 감정을 털어놓지 못할수록, 내 속마음이 뭔지 알기도 어렵다. 그냥 답답하고 외롭고 짜증이 날 뿐이다.

감정은 내 상태와 기분을 알려 주는 신호였다. 나의 감정은 내가 어떤 결정을 내리는 중요한 근거였다. 그러나 이제는 내 감정대로가 아니라, 내 위치나 자리에 알맞게 느끼고 행동해야 하는 경우가 늘었다. 온종일 '감정 노동'이 계속되는 셈이다.

"당신은 잘못 느끼고 있습니다."라는 눈총은 곳곳에서 쏟아진다. 내 기분이 아주 짱이어도 공적인 자리에선 감정을 드러내면 안 된다. 솔직한 마음 그대로를 보여 줄 수 있는 가족과 친구는 사라져 간다. 그럴수록 각종 심리 검사는 늘어난다. 내가 정상인지 아닌지, 제대로 느끼는지 아닌지 스스로도 확신하지 못하는 탓이다. 심리 검사로 드러난 수치와 전문가의 설명을 통해서만 내 감정이 뭔지 알 수 있다면, '감정'이란 도대체 무엇이란 말인가? 우리 사회에 친절함이 넘칠수록 외로움도 깊어 간다. 어떻게 해야 이 기묘한 '소외'를 풀 수 있을까?

'감정력', 새로운 미래 권력?

우울증 치료제 '프로작Prozac'은 정신의 문제를 다른 관점에서 보게 했다. 이제 의사들은 마음의 병을 위장병 고치듯 한다. 필요한 약을 써서 치료한다는 뜻이다. 정신병 약의 종류도 많아졌다. 분노를 조절해 주고 집중력을 향상시키는 약까지, 온갖 약이 넘친다. 물론 아직까지는 정신과 약물의 효과가 그리 뛰어나진 않나 보다. 약이 효과를 내는 경우가 65퍼센트 남짓이라니까 말이다. 그러나 의료 기술은 발전하고 있다. 언젠가는 증상에 100퍼센트 들어맞는 약이 나올지도 모른다.

그때 우리의 감정은 어떻게 다루어질까? 찢어지는 슬픔, 가슴 아린 자책, 뼈를 긁는 분노를 모두 다스릴 수 있는 세상이 온다면? 극단의 감정은 자칫 '사고'로 이어지기 쉽다. 그런 이유로 '정상치'를 벗어나는 모든 감정은 약물로 다스리는 게 당연하다고 여기는 시대가 오진 않을까?

초超도덕은 특권층만 누리는 권리다. 예컨대 옛 서양에서는 음란물로 의심되는 작품이 있으면 누구보다 신부神父가 먼저 보았다. 대중에게 해로운지를 가려내기 위해서였다. 마찬가지로 인간의 모든 감정을 느낄 권리가 소수 엘리트에게만 주어지진 않을까? 어떤 감정이 대중에게 해로운지 알기 위해서 말이다. 감정을 느끼고 판단할 수 있는 능력, 즉 '감정력感情力'이 새로운 미래 권력으로 떠오를지도 모를 일이다.

미래를 읽는 책

앨리 러셀 혹실드 지음, 이가람 옮김, 《감정 노동》, 이매진, 2009
에바 일루즈 지음, 김정아 옮김, 《감정 자본주의》, 돌베개, 2010

3

다이어트의 미래

체중 관리를 넘어 금욕의 문명으로

벌의 세계에는 '왕후장상의 씨'가 따로 없다. 누가 여왕벌이 되느냐는 타고나는 게 아니라는 뜻이다. 누구라도 운 좋으면 여왕벌이 될 수 있다. 알에서 깨어난 벌들이 먹는 음식은 로열 젤리다. 평범한 벌들은 4~8일 동안만 이것을 먹는다. 반면 여왕벌은 평생 로열 젤리만 먹는다. 어떤 벌이든 로열 젤리만 계속 먹으면 여왕벌이 될 수 있다. 먹는 음식으로 팔자가 바뀌는 셈이다.

그렇다면 사람은 어떨까? 프랑스의 미식가 브리야 사바랭은 "당신이 무엇을 먹는지 보면 당신이 누구인지 알 수 있다."라고 했다. 벌처럼 사람도 무엇을 먹느냐에 따라 처지가 바뀔 수 있을까?

음식으로 국민성 바꾸기 프로젝트?

황당한 소리 같겠지만 음식으로 사람을 '개조'하려는 시도는 얼마든지 있어 왔다. 채식, 유기농 식사 등 건강을 위해 식단을 바꾸는 일은 우리 주변에서 흔하게 벌어진다. 심지어 100여 년 전 일본에서는 국가가 나서서 음식으로 국민성을 바꾸려는 프로젝트(?)를 벌이기까지 했다.

1872년 메이지 천황은 쇠고기를 먹자고 앞장서서 외쳤다. 당시 일본 지식인들에게 육식은 '문명개화의 상징'으로 여겨졌기 때문이다. 서양 사람들과 견줄 때 일본인들은 작고 왜소한 체격이었다. 과학 기술은 또 어떤가. 서구의 높은 수준에 비하면 자신들의 것은 형편없어 보였다. 일본인들은 하루 빨리 서양을 따라잡고 싶어 조바심이 났다. 그럼 어떻게 해야 할까? 머리끝부터 발끝까지 서양식으로 바꾸어야 할 터였다. 자신들이 지니고 있던, 수준이 떨어지는 건 모두 던져 버리고 말이다. 메이지 천황이 드러내 놓고 쇠고기를 먹자고 한 까닭이 여기 있다. 문명개화를 주장하던 당시 엘리트들의 생각 역시 이와 같았다.

지금 육식은 전혀 희한한 일이 아니다. 하지만 100여 년 전 일본에서는 전혀 그렇지 않았다. 1,000년 넘는 시간 동안 사회에 뿌리내린 불교는 육식을 못하게 막았다. 더구나 사람들은 부모 형제가 죽으면 소나 말 같은 가축으로 태어나기도 한다고 믿었다. 그러니 누구라도 고기 먹기를 피할 수밖에 없었다. 왕이 나서서 고기를 먹자고 했는데도 육식은 좀처럼 퍼져 나가지 못했다. 쇠고기를 입에 대는 일은 "나 이런 괴상한 음식도 먹을 줄 안다!"라는 치기 어린 행동으로 여겨졌다.

굳어진 입맛은 좀처럼 바뀌지 않는다. 우리가 입는 옷과 사는 집은 오래전에 서양식으로 바뀌었다. 그러나 식탁만큼은 여전히 '조선식'이다. 밥과 김치는 아직도 우리 식탁의 주 메뉴다. 입맛 바꾸기는 성격을 변화시키기만큼이나 어렵다. 100여 년 전 일본의 상황도 다르지 않았을 터이다.

메이지 천황의 '고기 먹기 운동'은 과연 성공했을까? 시간은 좀 걸렸지만 육식은 서서히 일본 사회 전체로 퍼져 나갔다. 사람들은 고기를 씹으며 자신이 '문명개화'되고 있다는 뿌듯함에 젖었다. 사실 음식은 문화 상품의 속성도 지니고 있다. 생선회를 처음 접한 미국과 유럽 사람들은 기겁을 했다. 어떻게 생선을 날로 먹는단 말인가. 그러나 일본이 경제 대국으로 떠오르자 생선회, 즉 스시는 고급 음식으로 인기를 끌었다. 지방간에 걸린 거위의 간으로 만든 프랑스 음식 푸아그라 역시 고급 음식으로 여겨진다. 그러나 어느 못사는 나라에서 먹는 왕거미 요리는 혐오 식품이라는 이미지를 풍긴다. 이렇게 음식은 어떤 문화를 담았느냐에 따라 느낌이 달라진다.

사람들은 프랑스 요리를 먹으며 궁정의 화려함과 세련됨을 떠올린다. 햄버거 같은 미국의 서민 음식에는 신대륙 특유의 젊음과 발랄함이 묻어 있다. 또한 정갈한 한정식 차림에는 고상한 양반집의 기품이 스며 있다. 음식과 함께 사람들은 그 속에 담긴 이미지를 삼키는 셈이다.

사람의 다이어트보다 시급한 일!

그러나 이제 육식은 '문명개화의 상징'이 아니다. 아주 가난하지만 않다면 고기는 언제든 먹을 수 있는 음식이 되었다. 흔한 것은 매력적이지 않은 법이다. 게다가 육식은 고혈압이나 심장병의 원인으로 눈총을 받는다. 요즘은 오히려 채소와 생선 위주의 식사가 더 권장된다. 커다란 덩치가 부러움을 사던 시대는 지나갔다. 사람들은 날씬하고 군살 없는 몸매를 바란다. 다이어트에 목매는 이들이 점점 많아지는 까닭은 여기 있다.

하지만 다이어트는 자기 혼자 열심히 칼로리를 따진다고 해서 되는 일이 아니다. 식품영양학자 피에르 베일Pierre Weill은 우리가 못 보는 지점을 콕 집어 알려 준다. 북극에 사는 이누이트들은 붉은 살코기만 먹고산다. 그런데도 고혈압이나 혈관 질환에 걸리는 일은 좀처럼 없다. 반면 선진국 사람들은 갈수록 칼로리를 줄이는데도 비만 인구가 오히려 늘어난다. 어째서 이런 일이 벌어질까?

피에르 베일은 그 이유를 음식 재료에서 찾는다. 풀을 뜯어먹으며 자란 소와 옥수수 사료를 먹고 자란 소의 살코기가 과연 같을까? 채소도 마찬가지다. 들판에서 햇볕을 듬뿍 받고 자란 것과 비닐하우스에서 인공 비료로 키운 것의 성분이 같을까?

예전에 생선이나 고기에는 '오메가 3' 지방산이 많았다. 이는 지방 세포가 커지지 않게 막는 물질이다. 그러나 지금의 먹거리에는 '오메가 6' 지방산이 훨씬 많다. 이는 지방 세포를 키우는 성분이다.

과거에 소는 꼴풀을, 돼지는 음식물 찌꺼기를, 닭은 마당의 벌레를 잡아먹었다. 하지만 지금은 소나 돼지나 닭이나 모두 똑같은 것을 먹는다. 오메가 6가 들어간 콩과 옥수수로 된 사료 말이다. 채소 역시 오메가 6가 가득한 비료로 길러진다. 무엇을 먹든 오메가 6만 먹게 되는 셈이다.

"돼지나 소의 식습관을 바꾸는 것이 돼지와 소를 먹는 사람이 다이어트하는 것보다 훨씬 쉽다." 피에르 베일이 내린 결론이다. 먹거리 자체가 자연의 모습 그대로가 아니라면, 우리의 식습관을 아무리 챙겨 봤자 소용없다는 말이다. 이 지점에서 다이어트는 환경 문제로 확장된다. 몸매를 가꾸려면 자연환경부터 제대로 돌봐야 한다.

뚱뚱한 세종대왕이 '비호감'이 아닌 이유

나아가 다이어트는 정신의 문제와도 맞닿아 있다. 전하는 이야기로 세종 대왕은 뚱뚱했단다. 정조도 날씬한 몸매는 아니었던 듯싶다. 그런데도 이 임금들이 '비호감'은 아니다. 예전에는 볼록한 배와 후덕한 몸매가 훌륭한 인격을 나타내는 표지처럼 여겨졌다.

그러나 지금은 육덕肉德 푸짐한 몸매의 인물은 성격이 나쁠 듯싶은 인상까지 준다. 인스턴트 식품을 많이 먹는 게으른 사람이라는 이미지도 강하다. 다이어트가 몸매 관리를 넘어 정신을 가꾸는 문제로까지 확대되는 모양새다.

> "별로 일하지도 않으면서 음식만 많이 먹으면 욕정만 살아납니다. …… 농부들은 흑빵과 크바스호밀로 만든 맥주, 양파를 먹습니다. 이 정도만 먹고도 농부는 생기 넘치게 일합니다. …… 하지만 우리는 어떻습니까? 저마다 800그램이 넘는 쇠고기와 새고기 그리고 열량 넘치는 음식을 먹어 댑니다. 그게 다 어디로 가겠습니까? 정욕만 만들어 내겠지요."

톨스토이의 소설 《크로이처 소나타》에 나오는 구절이다. 불교건 기독교건, 성스러운 사람들은 하나같이 식탐을 다스릴 줄 알았다. 음식 욕심을 얼마나 잘 조절하느냐가, 그가 인격적으로 얼마나 훌륭한 사람인지를 나타내는 증거가 되었다. 톨스토이의 말을 더 들어 보자.

> 효과적으로 욕망과 싸워 이기기 위해서는 가장 근본적인 것들부터 다스려야 한다. 그러니까 복잡한 욕망을 불러일으키는, 보다 근원적인 욕망부터 다스려야

한다는 뜻이다. 복잡한 욕망이란 몸을 꾸미는 것, 스포츠, 오락, 호기심 등등이다. 근본적인 욕망이란 식탐, 게으름 그리고 정욕이다. 지나치게 많이 먹는 인간은 게으름과 싸워 이길 수 없다. 엄청나게 먹어 대면서 게으르기까지 한 사람은 정욕에 맞서지 못한다. 따라서 도덕적이 되려면 식탐부터 이겨 내야 한다. 즉 절식節食이야말로 절제의 첫걸음이다.

— 톨스토이, 《첫걸음》에서

알렉산드로스 대왕의 최고 요리사

마케도니아의 왕으로 대제국을 건설한 알렉산드로스는 최고 요리사들을 거느렸다. 하지만 그는 진수성찬에 매달리지 않았다. 그런 알렉산드로스도 자신에게는 어디든 꼭 데리고 다니는 최고의 요리사가 있다고 자랑하곤 했다. "아침에 일어나 달리기와 운동으로 땀을 뺀 뒤 몸을 씻으면 입맛이 살아난다. 이때는 세상의 어떤 음식도 산해진미가 된다." 알렉산드로스 대왕이 늘 하던 말이다.

적절한 잠과 운동 그리고 건전한 생활이 이어지면 무엇을 먹든 맛있다. 군살이 붙지도 않고 성인병을 걱정할 필요도 없다. 건강을 지키려면 왕이라 하더라도 꾸준히 자신을 관리해야 한다. 날씬하고 균형 잡힌 몸매는 규칙적인 생활의 '부산물'이다.

예전에는 풍성한 몸매가 부러움의 대상이었다. 배고프고 추운 세상에서 기름진 몸은 먹을 것이 넘쳐 배부르고 등 따습게 사는 증거로 여겨졌던 탓이다. 그러나 풍요로운 사회에서는 다르다. 남들도 모두 누릴 수 있다면 누구도 그것을 부러워하지 않는다. 절제 없이 일상을 즐기기만 하면 체중은 금방 늘어난다. 끊임없이 발전하기 위해 자신을 채찍질하는 노력이 없다면, 늘어지는 일상만큼이나 우리 몸매도 옆으로 퍼져 버릴 터이다.

외모 지상주의를 비판하는 목소리가 높다. 그러나 외모를 따지는 세상의 관점 한편에 금욕주의가 묻어 있다는 사실도 놓쳐선 안 된다. 날씬한 몸을 바라는 마음은 절제와 자기 관리로 사람들을 이끈다. 독한 결심 없이는 좀처럼 다이어트에 성공하지 못하기 때문이다.

탄탄하고 호리호리한 몸매는 상류층의 상징으로 여겨지곤 한다. 반면 사회적 위치가 낮을수록 뚱뚱하고 균형 잃은 몸매가 많다. 스파르타 귀족들은 노예보다 더 열심히 몸을 단련하고 생활을 빈틈없이 일구어야 했다. 당연히 몸도 레슬링 선수처럼 미끈했다.

다이어트 열풍은 현대 문명이 점점 스파르타 분위기로 가고 있음을 보여주는 신호가 아닐까? 극과 극은 통하게 마련이다. 유달리 육체의 아름다움에 매달리는 현대인의 모습은 극기와 자율을 강조하는 새로운 문화가 열리고 있음을 느끼게 한다.

다이어트 문화로 식량과 환경 문제를 동시에 해결?

빌렌도르프의 비너스는 뚱뚱하다. 배가 나오고 가슴도 풍만하다. 반면 그리스 시대 비너스는 날씬하고 군살이 없다. 왜 그럴까? 그리스 시대에는 먹고살 걱정이 없는 사람들이 조각을 즐겼다. 하지만 빌렌도르프의 비너스에는 풍요와 다산多産에 대한 그 시대 사람들의 절절한 바람이 담겨 있다. 원시인들은 내일 당장 굶어 죽을지도 모르는 삶을 살아야 했기 때문이다.

먹거리가 넘치는 시대에는 '자기 관리'가 된 몸매가 미덕이다. 그러나 지지리 궁상이 판치는 시대에는 차고 넘치는 식탁이 인기를 끈다. 우리는 식량 과過생산과 식량 부족이 동시에 벌어지는 묘한 세상에서 산다. 그러면서도 세계는 '글로벌'하다. 미美를 가늠하는 잣대가 하나로 통일되었다는 뜻이다. 지구촌 시대, 군살 없는 몸매가 전 세계 아름다움의 표준이 된다면 어떨까? 이것이 식량 소비를 줄이는 효과를 낳지는 않을까? 칼로리 소비를 절반으로 낮추면 환경 문제도 해결의 실마리를 잡을지 모른다. 농지를 만들고 가축을 키우느라 일어나는 환경 파괴가 줄어들 테니까 말이다. 다이어트 산업이 커지면 혹 식량 사정과 환경도 덩달아 좋아지지 않을까?

미래를 읽는 책

오카다 데쓰 지음, 정순분 옮김, 《돈가스의 탄생》, 뿌리와이파리, 2006
피에르 베일 지음, 양영란 옮김, 《빈곤한 만찬》, 궁리, 2009
석영중 지음, 《톨스토이, 도덕에 미치다》, 예담, 2009

4

성의 미래

성 혁명, 출산율을 흔들다!

왕세자 시절의 루이 16세는 남자구실을 못했다. 그의 아내는 유명한 마리 앙투아네트였다. 왕세자 침실의 '동향'은 외교관들의 제일가는 관심사였지만, 결혼한 왕세자 부부의 '무소식'에 온 유럽은 긴장했다.

1771년 5월, 앙투아네트의 어머니인 오스트리아의 여제女帝 마리아 테레지아는 딸에게 얼굴 붉어지는 충고를 던졌다. '신랑의 실로 기묘한 행동'에 대해 '애교'의 중요성을 강조하는 편지글을 통해서였다.

영웅호색은 남자의 의무?

주변국들의 움직임도 빨라졌다. 에스파냐의 외교관 아란다 백작은 시녀들을 매수하기도 했다. 침대 시트를 뒤져 성교가 이루어졌다는 증거를 잡기 위해서였다. 이런 소동은 무려 7년이나 계속되었다. 마침내 왕인 루이 15세가 팔을 걷어붙이고 나섰다. 그렇게 해서 밝혀진 원인은 간단했다. 루이 16세의 성기에 사소한 문제가 있었단다. 수술로 소중한 부위의 '문제'

가 해결될 때까지 유럽 곳곳의 쑥덕거림은 그치지 않았다.

루이 16세를 둘러싼 소동이 우습게 보일지 모르겠다. 그렇지만 이는 분명 유럽을 뒤흔들 만한 걱정거리였다. 프랑스 왕이 자식을 만들지 못하면 정치 상황은 이내 불안해질 터이다. 다음 왕의 자리를 놓고 권력 다툼이 벌어지지 않겠는가. 그러니 왕의 부부 관계는 남들은 몰라야 하는 사생활이 아니었다. 이런 사정은 예전의 우리나라도 별반 다르지 않았다. 양반집 자제들의 성생활은 가문의 대를 잇기 위한 중요한 과업이었다. 이를 제대로 못 해내는 사람은 집안의 근심거리였다.

어찌 보면 영웅호색이라는 희한한 윤리관(?)이 생겨난 것도 후손을 남기는 일과 연관해서가 아닌가 싶다. 제 아무리 세상을 뒤흔든 영웅이라 해도 성적 능력이 없으면 불안하다. 후손을 많이 남겨야 권력이 세세손손 이어지지 않겠는가. 이처럼 침실에 대한 옛사람들의 관심은 그저 관음증만은 아니었다.

반면에 난잡한 성생활은 동서양 할 것 없이 바람직하지 않다고 여겼다. 남자라 할지라도 난잡한 성생활은 부추길 만한 미덕으로 여겨지지 않았다. 다만 모른 척해 주었을 뿐이다. 또 유럽에서는 이혼을 좀처럼 인정하지 않았고, 동양에서도 적자와 서자를 엄격히 구분했다. 결국 옛사람들에게 성생활의 목적은 자식을 남기는 데 있었던 것이다. 성性은 결코 개인의 즐거움에 그쳐서는 안 되는 것, 책임감 있는 사람이 지니는 의무였다.

순결은 미친 짓이다?

20세기 초 마침내 성 혁명sexual revolution이 일어났다. 피가 뜨거운 젊은이들은 사랑을 그저 자식을 얻기 위한 의무로만 받아들이지 않았다. 성은 자유롭게 누려야 하는, 그리고 남들이 꼬치꼬치 캐물어선 안 되는 개인적인 일이라는 게 그들의 주장이었다. 이런 분위기이던 1929년, 영국 철학자 버트런드 러셀Bertrand A. W. Russell이 《결혼과 성》을 내놓았고, 출간되자마자 큰 논란을 불러일으켰다. 러셀의 주장은 "순결은 미친 짓이다!"라고 크게 외치는 격이었기 때문이다.

러셀의 논리는 분명하다. 예전에 자식이란 가축과도 같았다. 많이 낳으면 낳을수록 부모에게 이득이었다. 자식들이 곧 일손이고 수입원이었던 까닭이다. 그래서 태어난 아이가 누구 '소유'인지를 분명히 가려야 했다. 이때 아이의 주인은 아버지였다. 아비를 분명하게 밝히려면 여성은 아무하고나 관계를 맺어서는 안 된다. 그러니 순결이 중요할 수밖에 없었다.

19세기 초 영국의 '공장법The Factory Acts'이 아동 노동을 금지하면서 상황은 바뀌었다. 더욱이 1870년에는 교육법에 의해 의무 교육이 늘어났다. 이때부터 부모에게 자식은 짐이 되었다. 권리는 줄고 의무만 잔뜩 짊어지게 된 것이다. 부모라는 자리가 인생의 무덤처럼 여겨졌다. 그래서 젊은이들은 아이를 낳으려 하지 않았다.

게다가 오늘날에는 가족의 역할도 약해지고 있다. 어머니나 아버지의 역할을 상당 부분 국가가 떠맡았다. 아이들은 탁아소에서 어린 시절을 보내고 조금 더 크면 학교에서 하루의 대부분을 보낸다. 그 때문에 자기 부모가 중시하는 가치보다는 국가가 바라는 것을 훨씬 오랫동안 듣게 된다.

국가는 점점 더 부모의 역할을 많이 담당하는 반면, 부부는 더욱더 완벽해진 피임법으로 원치 않는 임신을 피하고 있다. 그렇다면 이제 순결은 사라져야 할 '미신'이 아닐까? 가족을 지키기 위한 족쇄였던 정절도 현대에 와서는 가치가 없다. 젊은이들의 성적 욕구를 누르려 하기보다 제대로 펼치는 법을 가르쳐야 한다. 그 누구도 갖고 싶은 집을 자세히 둘러보지도 않은 채 덜컥 계약부터 하지는 않는다. 성과 결혼 문제도 그렇다. 진정 사랑해서 상대방과 맺어지고 싶다면 서로를 알기 위한 과정으로서 성이 필요하다.

두 발 달린 음란한 닭 요리

러셀의 주장은 그가 책을 낸 지 80년이 지난 지금도 당혹스럽게 들린다. 그러니 당시에는 얼마나 충격적이었을지 짐작이 가고도 남는다. 하지만 1920년대는 아직 '빅토리아 시대'의 분위기가 지배하던 때임을 놓쳐서는 안 된다.

빅토리아 여왕 시절 순결은 강박에 가까웠다. 사람들은 피아노와 책상 다리에도 옷을 입혔다. 음란한 생각을 불러일으킨다는 걱정에서였다. 그뿐 아니다. 두 발 달린 닭 요리나 동물의 가슴을 드러낸 요리도 기피했다. 이런 음식을 내놓았다간 엉큼한 마음을 품었다며 손가락질을 당하기 일쑤였다. 병원에서 진찰받을 때도 의사에게 몸 대신 마네킹을 내밀었다. 여자들의 드레스는 당연히 발목까지 치렁치렁하게 내려왔고, 남자들은 줄곧 정장만 입었다.

상황이 이랬으니, 당시 유행하던 히스테리의 원인을 짚어 내기는 어렵지 않다. 여성들은 자주 발작을 일으키거나 기절했다. 여기에는 지나치게 억눌린 욕망도 한몫을 했을 터이다. 러셀은 이런 관습에 과감히 돌을 던진 철학자였다. 지금도 여전히 여성의 몸을 죄악시하는 문화가 세계 곳곳에 자리 잡고 있다. 이런 곳에서 여성 인권 운동을 벌이는 사람들을 떠올리면 좀 더 열린 마음으로 러셀을 보게 될지 모르겠다.

그러나 러셀이 놓친 부분도 있다. 빅토리아 여왕은 열아홉에 결혼해 자식을 아홉이나 낳았다. 여왕은 국민의 모범이었다. 당시에는 평범한 가정에서도 자녀를 많이 낳았다. 순결을 강조하는 사회일수록 출산율은 높게 마련이다. 정절 의무에 큰 가치를 두는 이슬람교나 가톨릭 문화권에서는 다산이 일반적이다.

자유연애를 앞세우는 사회일수록 아이 갖기를 꺼리는 분위기가 널리 퍼진다. 아이를 낳으면 다른 사랑을 찾아 떠나기가 쉽지 않은 까닭이다. 사회복지가 잘된 국가라도 미혼모 아이들을 친부모처럼 챙기기는 어렵다. 태어나는 아이가 점점 줄어드는 문제는 선진국들의 공통된 고민거리다. 정절을 내던진 채로도 이 문제를 해결할 수 있을까?

러셀도 이 문제를 마음에 담아 두었던 듯하다. 러셀은 1930년에 출간한 《행복의 정복》에서 왜 아이를 가져야 하는지 설명한다. 먼저 그는 본능적 이유부터 살핀다. 자식이 없는 사람들은 나이가 들면서 뚜렷한 이유 없이 헛헛함과 공허감에 시달리곤 하는데, 러셀은 그 까닭을 이렇게 설명한다.

사랑이 깊어지면 관계를 영원히 이어 가고 싶은 마음이 생긴다. 애정의 결실인 자녀는 부부 관계를 자신들의 죽음 이후까지 계속 끌고 간다. 이는 인간에게 본능으로 주어진 욕구다. 나아가 아이를 갖게 되면 사람들은 미래를 걱정하기 시작한다. 자기만 좋으면 그만이라는 생각은 자식 앞에서 무너진다. 인류가 이기심에서 벗어나기 위해서라도 임신과 출산은 중요하다.

러셀에 따르면, 아이를 축복으로 여기지 않는 때는 "우리 시대"밖에 없다. 그 역시 자기 자식만큼은 끔찍하게 아끼고 사랑했던 사람이다. 그는 자

자녀는 인생에서 가장 크고 오래가는 행복
I WANT FREE LOVE!!!
LOVE MY FAMILY!
나도 헷갈려..

녀를 갖는 경험을 "인생에서 가장 크고 오래가는 행복"이라고 평가한다. 그가 자녀를 대하던 태도를 보면 이는 결코 빈말이 아닌 듯하다.

성 혁명과 출산율, 영원한 딜레마

그러나 러셀은 결혼을 세 번이나 했다. 자신의 말과 달리, 러셀의 아들은 그에게 행복만 안겨 주지 않았다. 평생 동안 러셀은 자식의 불행에 마음 아파했단다. 그는 자유연애를 주장하면서도 다른 한편으로는 가족의 의미를 내세웠다. 둘은 좀처럼 함께 가기 어려운 가치다. 그의 가족생활은 당연히 신산스러울 수밖에 없었다.

인류 역사는 끊임없이 자유연애와 정절 사이를 오갔다. 그리스·로마 시대에는 서슴없이 연애를 즐기다가, 중세에 와서는 엄격한 성 윤리를 따랐다. 르네상스 시기에는 다시 기사와 귀족 부인의 사랑 같은 로맨스가 싹텄지만, 19세기 빅토리아 시대의 근엄함은 애정의 싹을 짓밟았다. 마침내 1960년대에 생산된 '먹는 피임약'은 또다시 엄청난 '성 혁명'을 가져왔다. 1960년대만 해도 '히피들이나 하는 짓'이었던 자유연애는 지금은 별스러울 것 없는 일상이 되었다. 정절의 가치를 외치는 소리가 오히려 별스럽게 들린다. 그렇지만 인류는 과연 예전보다 행복해졌을까?

가톨릭교회는 자유로운 성생활을 인정하지 않는다. 도구를 써서 하는 피임에도 반대한다. 언뜻 보면 가톨릭교회는 시대에 한참 뒤떨어진 주장을 하는 듯싶다. 그러나 가톨릭을 믿는 사회는 아이를 많이 낳을 뿐 아니라 가정도 튼실해서 그만큼 갈등이 적다.

자유로운 관계를 부르짖는 성 혁명은 이제 절정에 다다른 느낌이다. 반면 출산율은 바닥에 머물고 있다. 사회복지 제도가 완벽해지고 교육비 부담이 줄면 사람들은 아이를 더 많이 갖게 될까? 부부 사이는 얼마든지 깨질 수 있고 사랑도 바뀔 수 있다고 믿는다면 아이 역시 언제든 짐이 될 가능성이 높다. 정절 의무는 늘 인류를 짓누르던 족쇄였다. 그러나 동시에 가족과 출산을 지키는 큰 울타리가 되어 주기도 했다.

러셀은 자유연애를 주장했지만 자식을 사랑하는 마음 또한 깊었다. 그래서 개인적으로는 별로 행복하지 못했다. 인류 역사는 끊임없이 성의 억압과 해방 사이를 오갔다. 물론 오늘날은 성적 해방이 최고조에 다다른 시대다. 하지만 낮아지는 출산율은 다시 한 번 정절을 강조하는 시대를 예고하는 듯하다. 다가오는 미래가 암울하지 않으려면 러셀의 모순되는 주장에서도 교훈을 얻어야 할 것이다.

최후의 승자는 정절 유전자?

요즘은 성과 출산이 따로 노는 시대다. '사랑을 확인하기 위해' 혹은 '즐기기(!) 위해' 관계를 맺으면서 '아이 만들기'도 꿈꾸는 경우는 드물다. 피임 기술의 발달은 사랑과 출산을 성공적으로 분리했다.

리처드 도킨스Richard Dawkins의 '이기적 유전자' 이론에 따라 인류의 미래를 예상해 보자. 앞으로는 자녀 낳기를 중요시하는 사람들이 늘어날 것이다. 출산 여부를 선택할 수 있는 시대, 아이 갖기를 피하는 이들의 DNA는 후세로 이어지지 못한다. 이들이 임신을 시도하지 않는 탓이다. 결국 적극적으로 아이를 바라는 사람들의 DNA가 인류의 더 많은 부분을 차지하게 된다. 이렇게 '자연 선택'이 이어지다 보면 정절의 가치를 소중하게 여기는 문화로 돌아가지 않을까?

보다 극단적인 예상도 가능하겠다. 우리 몸에서는 바소프레신이라는 호르몬이 분비되는데, 이는 일부일처一夫一妻 습관을 낳는 호르몬이다. 바소프레신 수치가 높으면 바람기가 사라지고 배우자에게 충실해진다. 자연선택은 오랜 세월이 걸리는 일이다. 출산율이 지금처럼 계속 떨어진다면, 바소프레신을 '사랑의 묘약'으로 강제 투입하는 정책이 실시될지도 모르겠다.

미래를 읽는 책

버트런드 러셀 지음, 김영철 옮김, 《결혼과 성》, 간디서원, 2004
제러드 다이아몬드 지음, 임지원 옮김, 《섹스의 진화》, 사이언스북스, 2005
윤가현 지음, 《성, 그 억압과 진보의 역사》, 살림, 2006

5

가족의 미래

떨어지는 출산율이 독재를 부른다?

어느 종교건 부부 사이를 옥죄는 규칙이 참 많다. 가톨릭만 해도 그렇다. 가톨릭의 십계명에 따르면, 여섯 번째 계율은 "간음하지 말라."이고, 아홉 번째는 "네 이웃의 아내를 탐하지 말라."이다. 신이 내린 열 가지 계율 가운데 두 가지가 부부 관계를 지키라는 내용인 셈이다. 유교의 경서經書 역시 정절을 강조하는 이야기로 넘쳐 난다. 불교에서는 아예 음심淫心 자체가 바람직하지 않다고 못 박는다.

그럼에도 세상은 낯 찡그리게 되는 소식들로 가득하다. 배우자가 바람피워 가정이 결딴났다는 뉴스도 끊이질 않는다. 드라마에선 '불륜'과 '출생의 비밀'이 단골 소재로 등장한다.

사실 오직 한 사람과 평생 사랑을 이어 가는 일부일처제는 인간도 동물인 한에서는 썩 어울리지 않는다. 대부분의 짐승은 짝짓기를 하나의 파트너와만 하지 않는다. 그럼에도 왜 인간의 도덕과 종교는 하나같이 배우자에게만 사랑을 쏟으라고 할까?

돈너 계곡의 비밀

답을 찾기는 어렵지 않다. 프로이트는 "문명은 억누름 위에서 이루어진다."라고 말했다. 사람은 본능을 다스릴 줄 안다. 가정을 지키려면 성욕대로만 움직여선 안 된다. 누가 누구의 자식이고 부모인지가 분명해야 가족 사이가 끈끈해지지 않겠는가. 가정이 사라지면 생활을 꾸려 나가기가 무척 어려울 테다.

1846년 11월, 미국 서부의 돈너 계곡에 많은 눈이 내렸다. 이사를 가던 한 무리 사람들의 발이 묶였다. 홀몸인 튼튼한 청년이 열다섯 명, 노인과 어린이가 섞인 몇몇 가족이 있었다. 눈 속에 갇힌 생활은 무려 여섯 달이나 이어졌다. 이들 가운데 누가 살아남았을까?

예상과 달리 건장한 청년들이 가장 먼저 죽어 나갔다. 끝까지 살아남은 쪽은 가족과 함께 있던 사람들이다. 4인 가정에서는 한 명이, 12인 가정에서는 여덟 명이, 9인 가정에서는 아홉 명 모두 계곡을 빠져나왔다.

생활 능력이 있는 자에게 가족은 단지 짐이 되거나 부담일 뿐이라는 '상식'(?)을 뒤집는 결과였다. 독일 언론인 프랑크 쉬르마허Frank Schirmacher는 돈너 계곡에서의 일을 이렇게 정리한다. 가족끼리는 서로가 어디 있는지를 안다. 아무리 얼굴을 보지 않고 지낸다 해도, 적어도 연락처만은 서로 확실히 안다. 무슨 일이 생기면 언제든 달려가 도움을 주기 위해서다.

게다가 가족끼리는 누구나 대가 없이 돕는다. 굳이 말하지 않아도 부모 형제가 자신을 버릴 리 없다는 사실을 잘 알고 있다. 가족과 함께한 사람들이 당황하지 않고 침착하게 어려움을 이겨 낸 이유다.

가족은 확실한 '사회 안전망'이자 '노후 보장' 방법이기도 하다. 어렸을 때는 따뜻한 사랑으로 보살핌을 받고, 나이 들어서는 정성을 다해 부모를 돌본다. 어려움이 닥치면 보상을 바라지 않고 서로를 보듬는다. 온전하게 살아가는 데는 가족만 한 게 없다. 성적 즐거움을 위해 생활의 기둥을 던져 버려서야 되겠는가. 종교가 가정의 뿌리인 부부 사이를 강하게 옥죈 까닭은 여기 있다.

이혼의 눈덩이 효과

그러나 가족은 점점 사라지는 중이다. 할아버지, 할머니, 사촌과 함께 사는 대가족이 낯설어진 지는 오래다. 지금은 '1인 가구'도 드물지 않다. 결혼을 안 하거나 이혼한 뒤 홀로 지내는 이들이다. 아이를 갖지 않는 부부도 늘고 있다. 낳는다 해도 하나가 고작인 경우가 많다. 지금 태어난 아이들이 자식을 가질 때쯤이면 '사촌'이 뭔지도 알기 어려울 것이다. 부모들이 형제 없이 자랐을 테니 그 자손들에게 사촌이 생길 리 없다.

왜 가족이 사라지고 있을까? 사회학자 엘리자베스 벡 게른스하임Elizabeth Beck Gernsheim은 그 이유를 간단하게 풀어 준다. 가족을 꾸리는 일이 경제적으로 손해인 탓이란다.

여성이라면 이제 사랑과 노동 가운데 하나를 골라야 하는 시대다. 일을 하면서 아이를 돌보기란 쉽지 않다. 따라서 직장 여성은 아이 갖기를 꺼린다. 게다가 아빠나 엄마 가운데 한 사람이 온종일 아이를 돌보면 손해가 이만저만 아니다. 아이 없이 둘 다 일하면 수입이 갑절이 될 테니까 말이다. 어디 그뿐인가. 두 사람이 함께 연금과 저축을 쌓아 가면 늘그막에 풍족한 생활비로 편안하게 살 것이다. 하지만 아이를 기르면 어떤가. 자식에게 매인 부모는 돈을 벌지 못한다. 그럼에도 나가는 돈은 더 많다. 저축도 조금

밖에 못하니 노후를 꾸려 나갈 돈도 적다. 돈 계산을 해 보면 아이를 갖지 않거나 최대한 적게 낳는 쪽으로 결론이 날 수밖에 없는 상황이다.

'이혼의 눈덩이 효과'도 무시하기 어렵다. 예전에는 부부가 헤어진다는 건 생각도 못할 일이었다. '이혼'이라는 소리를 입 밖에 내기조차 어려웠다. 이를 무척 부끄럽게 여기던 사회 분위기 탓이다. 그러나 지금은 남녀의 만남과 헤어짐이 별스럽지 않다. 그러다 보니 아이 갖기를 더욱 꺼리게 된다. 서로 언제 등 돌릴지 모르는 상황, 둘 사이에 아이가 있다면 관계를 '쿨'하게 매듭짓기가 어렵다. 그래서 관계가 확실해질 때까지 임신을 늦추고 또 늦춘다. 그렇게 나이를 먹다 보면 원해도 아이를 갖기가 어려워진다. 따라서 태어나는 아이의 수는 자꾸만 줄어든다. 아이가 없으면 이혼은 또 그만큼 쉬워져 헤어지는 경우가 더욱 많아진다. 이처럼 이혼의 눈덩이 효과가 사회적으로 파급되어, '깨지는 가정'이 점점 더 늘어난다.

가정이 된 국가, 요람에서 무덤까지

이렇게 가정이 사라져 가는 모습을 보면서도 사람들은 별 걱정을 하지 않는다. 하긴 가족만큼 구질구질한 관계도 없다. '명절 스트레스'를 떠올려 보라. 친지를 만나는 일이 고문처럼 여겨질 때도 많다. 가까운 사이일수록 더 많이 부딪치고 더 크게 상처를 주고받는 법이다. 떨어져 지내는 편이 차라리 나을 법도 하다.

게다가 이상적인 복지 국가에서 산다면, 굳이 가족에게 기댈 필요도 없다. 내가 어려울 때는 국가가 나서서 도와줄 것이다. 복지 국가는 태어나서 죽을 때까지 내 인생을 책임져 준다. 직장을 잃으면 실업 급여를, 사고를 당하면 여러 복지 제도를 이용하면 되지 않던가. 늘그막에 자식에게 의존하지 않아도 된다. 연금이 내 생활을 어느 정도 책임져 줄 테니까 말이다.

현대인들은 오히려 '요람에서 무덤까지' 가정에 의지하려 들지 않는다. 부모는 자식에게 늙어 '짐이 될까 봐' 돈을 모으고, 젊은 세대는 자식에게 투자하는 일이 버거워 결혼을 피한다. 형편만 되면 독립해 살아간다.

집안의 병든 노인을 식구가 아닌 간병인이 돌보는 경우는 이제 드물지 않다. 역설적이게도, 그런 부모를 둔 자식은 봉사 활동을 하러 양로원을 찾곤 한다. 어느덧 국가는 연금과 복지 제도를 통해 가족의 역할을 대신하게 되었다. 사람들은 예전엔 가족에게서 얻던 것을 이젠 국가에 바라며, 가족에게 했던 헌신을 사회에 해야 한다고 여긴다. 늘어난 사회봉사 활동이 왠지 잘된 일이라고만 느껴지지 않는 이유다.

그러나 국가는 결코 가정이 될 수 없다. 국가는 그만한 능력이 없다. 쉬르마허는 우리가 놓친 지점을 콕 집어 보여 준다. 현재 각 나라의 복지 제도는 매우 허약하다. 10~20년 전에는 어느 나라든 노인이 많지 않았다. 태어나는 아이도 점점 줄어드는 추세였다. 그랬기 때문에 국가는 이중으로 돈이 남았다. 노인을 돌보는 데 들어가는 비용이 적었을 뿐 아니라, 학교를 짓고 아이들을 보살피는 데 들어갈 돈도 남아돌았다. 세금을 내는 청년들은 넘쳐 났다.

하지만 지금은 어떤가? 노인은 점점 늘어나는 반면, 그들에게 들어가는 돈을 내야 할 청년들은 줄고 있다. 더는 복지 제도를 지탱하기가 버거울 정도다. 연금이 바닥날까 봐 걱정하는 목소리는 우리에게 전혀 낯설지 않다. 선진국들은 대부분 우리와 똑같은 고민을 안고 있다. 언젠가는 국가의 금고가 텅 비지 않을까? 그럴 때는 국가도 별 도리가 없다. 국민들에게 "국가가 더는 당신의 미래를 책임지지 못한다."라고 털어놓는 수밖에 없다. 그럼 국민들은 어디에 기대야 할까? 당연히 아주 오래된 노후 보장책에 기댈 수밖에 없다. '묻지도 따지지도 않고' 서로를 무한히 보살펴 주는 관계, 바로 '가족' 말이다.

떨어지는 출산율이 독재를 부른다?

그러나 과연 우리에게 돌아갈 가족이 있을까? 앞서 보았듯 지금 태어나는 세대에게는 친척이 드물 것이다. 다들 외동이니 가까운 사촌도 없는 데다 늙은 부모까지 챙겨야 할지도 모른다. 이럴 때 우리가 의지할 곳은 어디일까?

또다시 해답은 국가에서 찾게 된다. 어려울 때 사람들은 애국심을 외치며 하나가 되었다. 국가는 국민이 충성을 다하도록 생활을 세심하게 챙겼다. 국가 유공자에게는 훈장과 연금을 주고 제대 군인에게는 여러 혜택을 주는 식으로 말이다.

복지 국가 형성에는 전쟁이 큰 몫을 했다. 아플 때 나라에서 수당을 챙겨 주고, 일자리를 잃었을 때 봉급을 채워 주는 제도는 유럽에서도 19세기 초반에야 생겼다. '철혈 재상'이라 불렸던 독일 제국의 초대 총리 비스마르크는 청년들이 걱정 없이 전쟁터에 나가도록 복지 정책들을 쏟아 냈다. 일본도 마찬가지다. 중국으로 쳐들어간 일본은 다치고 물러난 군인들을 돌보려고 1937년 복지 정책을 담당하는 정부 부처인 후생노동성을 만들었다.

그렇다면 앞으로 국가는 국민의 충성심을 이끌어 내는 데 복지 제도를 활용하지 않을까? 국민들에게 나누어 줄 몫이 턱없이 부족한 상황, 국가 사업에 헌신적인 이들과 삐딱한 눈으로 바라보는 사람들 가운데 어느 쪽이 그 혜택을 받을까?

가족이 사라진 세상에서 사람들이 기댈 곳은 많지 않다. 나쁜 마음을 품은 지도자라면 예산 주머니로 국민을 휘어잡으려 할지 모른다. 독재자는 결코 국민들을 여유로운 상태로 내버려 두지 않는다. 전쟁 준비, 사회 기반 시설 건설 등의 이유로 항상 국가 경제를 쪼들리게 한다. 그러고는 배고픈 시민들에게 큰 시혜라도 베푸는 양 복지 예산을 풀어 놓곤 한다. 자기 말에 꼼짝 못하게 하기 위해서다.

'1인 가구'가 점점 늘어나고 있다. 가족 자체도 점차 사라지고 있다. 이와 더불어 복지 국가를 지탱할 새로운 세대는 계속 줄고 있다. 그럴수록 국가의 힘이 세질 가능성은 커진다. 예전에는 독재가 전쟁이나 경제 위기와 함께 왔다. 그러나 현대 사회는 큰 전쟁이나 경제 위기가 없는데도 독재를 낳는 조건을 향해 가고 있다. 높아지는 이혼율과 낮아지는 출생률이 더더욱 걱정되는 까닭이다.

가족의 대안은 마을?

새마을 운동의 모토는 '근면, 자조, 협동'이었다. 박정희 정권은 새마을 운동을 가족이나 가문 중심으로 벌이지 않았다. 이 운동은 마을 단위로, 상부상조相扶相助 전통을 강조하면서 이루어졌다. 일어서려는 의지가 강하고 협동이 잘되는 마을일수록 국가로부터 더 많은 지원을 받았다. 마을 단위로 '복지' 책임을 지게 했던 셈이다.

새마을 운동은 농촌 근대화 운동이었다. 가족이 해체되는 시대이다 보니, 마을 단위로 일어났던 새마을 운동의 아이디어가 새롭게 다가온다. 가족이 더는 나의 노후를 책임질 만큼 튼실하지 않다. 복지를 책임질 국가의 재정도 위태롭기는 매한가지다. 그렇다면 '마을'에 가족의 역할을 맡기면 어떨까?

우리 문화의 뿌리인 유교는 가족에서 마을로, 마을에서 국가로 책임을 확대해 나갔다. '마을 어른'과 '동네 꼬마'라는 말이 우리에게 친숙한 이유다. 가족과 국가가 흔들리는 시대, 이를 대신할 새로운 공동체 모델은 바로 '마을'이 아닐까?

미래를 읽는 책

데이비드 P. 버래쉬 · 주디스 이브 립턴 지음, 이한음 옮김, 《일부일처제의 신화》, 해냄, 2004
엘리자베스 벡 게른스하임 지음, 박은주 옮김, 《가족 이후에 무엇이 오는가》, 새물결, 2005
프랑크 쉬르마허 지음, 장혜경 옮김, 《가족, 부활이냐 몰락이냐》, 나무생각, 2006

6

집중력의 미래

스몰 해피니스, '산만형 인간'의 운명

미국의 케이블 텔레비전 채널 수는 100개가 넘는다. 시청자들은 쉴 새 없이 리모컨을 눌러 댄다. 채널 하나에 시선이 머무는 시간은 13초 남짓이란다. 우리는 여기서 한발 더 나아간다. 주변에서 정신을 빼놓는 게 한둘이 아니다. 끊임없이 울려 대는 휴대 전화, 한번 보면 넋 놓고 빠져들게 되는 PMP, 동영상 등등. 심리학자들에 따르면, 일단 집중력을 잃고 산만해지면 다시 그 일에 집중하기까지 25분 남짓이 걸린단다. 주위에서 관심을 잡아끌며 온갖 것이 달려드는 탓에 우리는 한곳에 집중하지 못한다.

'산만형 인간distracted people', 언론학자 매기 잭슨Maggie Jackson이 현대인을 일컫는 말이다. 이 말은 우리 모습에도 딱 들어맞는다. 한 번에 한 가지 일만 해도 될 만큼 여유가 있어도 우리 스스로 부산을 떤다. 귀에는 이어폰을 꽂고 손 닿는 곳에 휴대 전화를 놓아두고 일한다. 모니터를 보며 밥을 먹거나 공부하는 모습도 낯선 풍경이 아니다. 한 가지 일에 집중하지 못하는 주의력 결핍 장애ADD를 현대인이라면 누구나 조금씩은 앓고 있는 셈이다.

우리는 왜 산만해졌을까?

19세기 말 등장한 전보는 지금의 인터넷만큼이나 세상을 바꾸어 놓았다. 1870년이 되자, 영국 런던에서 인도 뭄바이까지 전선이 깔렸다. 런던 시민들은 뭄바이에서 일어난 일을 4분 만에 알게 되었다. 그때껏 사람들은 자기 동네에서 늘 만나는 사람들에게만 신경을 썼다. 하지만 전보는 밥상머리 대화를 '세계적' 범위로 확장해 주었다. 전보는 '빅토리아 여왕 시대의 인터넷'이었던 셈이다.

지구 곳곳에서 매일 엄청나게 쏟아지는 사건들이 관심을 잡아끄니 사람들 머릿속도 덩달아 복잡해졌다. 정보의 양이 많아지면 이해의 깊이는 얕아지게 마련이다. 오래 고민하며 매달릴 여유가 없는 탓이다. 매기 잭슨은 인류 문명이 이 때문에 무너지고 있다고 지적한다.

수학이나 과학 분야에서 위대한 업적을 쌓으려면 엄청난 집중력이 필요하다. 수준 높은 글을 읽고 쓸 때도 마찬가지다. 그러나 오늘날 우리에게 차분히 집중력을 기를 틈이 있는가? 현대인에게는 길고 정교한 생각을 이어 갈 여유가 없다. 세상의 변화 속도는 너무나 빠르다. 게다가 몇 분만 인터넷을 뒤지면 필요한 정보를 산더미같이 캐낼 수 있다. 검색어 몇 개만 짚어 내면 책장에 코 박아야 할 시간이 크게 줄어든다. 그러니 요즘 누가 자료를 찾고 읽기 위해 몇 날 며칠씩 집중하며 매달리겠는가.

인간관계도 마찬가지다. 관계를 꾸려 나가려면 엄청난 집중력이 필요하다. 상대방에게 관심을 기울이고 상대의 기분과 마음을 끊임없이 살펴야 한다. 하지만 메신저를 하거나 휴대 전화로 문자를 보낼 때는 그럴 필요가 없다. 다른 일을 하면서 메신저 대화창을 열어 놓는 사람들이 어디 한둘인가. 말을 걸어와도 귀찮으면 대꾸하지 않으면 된다. 나중에 바빴다고 핑계를 대면 그만이니까. 그러니 진득한 관계가 맺어질 리 없다. 숱하게 많은 사람과 사귀어도 깊은 사이는 별로 없다. 정보는 넘쳐 나지만 이를 만들어 낼 능력은 없고, 인간관계는 폭넓지만 마음을 기댈 친구는 없다. 이 같은 사회가 건강할 수 있을까? 우리 사회는 점점 이런 모습으로 바뀌고 있다.

스몰 해피니스, 프리터들의 슬픈 행복

우리는 진정한 행복을 느낄 능력마저 잃고 있다. 산만하게 얻은 기쁨은 얼마 못 가 스러져 버린다. 게임을 할 때 느낀 짜릿함은 하루 종일 이어지지 않는다. 깊은 행복감을 느끼려면 끈기 있게 집중할 줄 알아야 한다. 긴 연습을 견디는 참을성을 길러야 피아노 연주의 즐거움을 맛보는 것처럼 말이다.

우리 시대 젊은이들이 '스몰 해피니스small happiness'에만 몰두하는 까닭도 여기 있다. "젊은 사람들은 주위 3미터 밖의 일에는 관심이 없다." 일본의 경영 컨설턴트 오마에 겐이치大前研一의 말이다. 게임이나 연예인, 텔레비전 프로그램 같은 '스몰 해피니스' 외에는 마땅히 나눌 대화거리도 없다. 야망을 키우려면 큰 노력이 뒤따른다. 집중력이 부족한 이들에게는 오랜 노력을 이어 가게 만드는 꿈이 없다. 그러다 보니 자잘한 즐거움, 스몰 해피니스에 매달려 하루하루를 살아간다

집중력은 법률가나 기술자 같은 전문 직업을 얻기 위해서도 필요하다. 그러나 산만함이 몸에 밴 사람들은 이런 자리가 부담스럽다. '프리터freeter'란 '허드렛일로 생활비를 벌고 게임이나 하며 하루를 때우는 이들'을 일컫는 말이다. 우리 사회에서도 이런 프리터가 점점 늘고 있다. 이런 까닭은

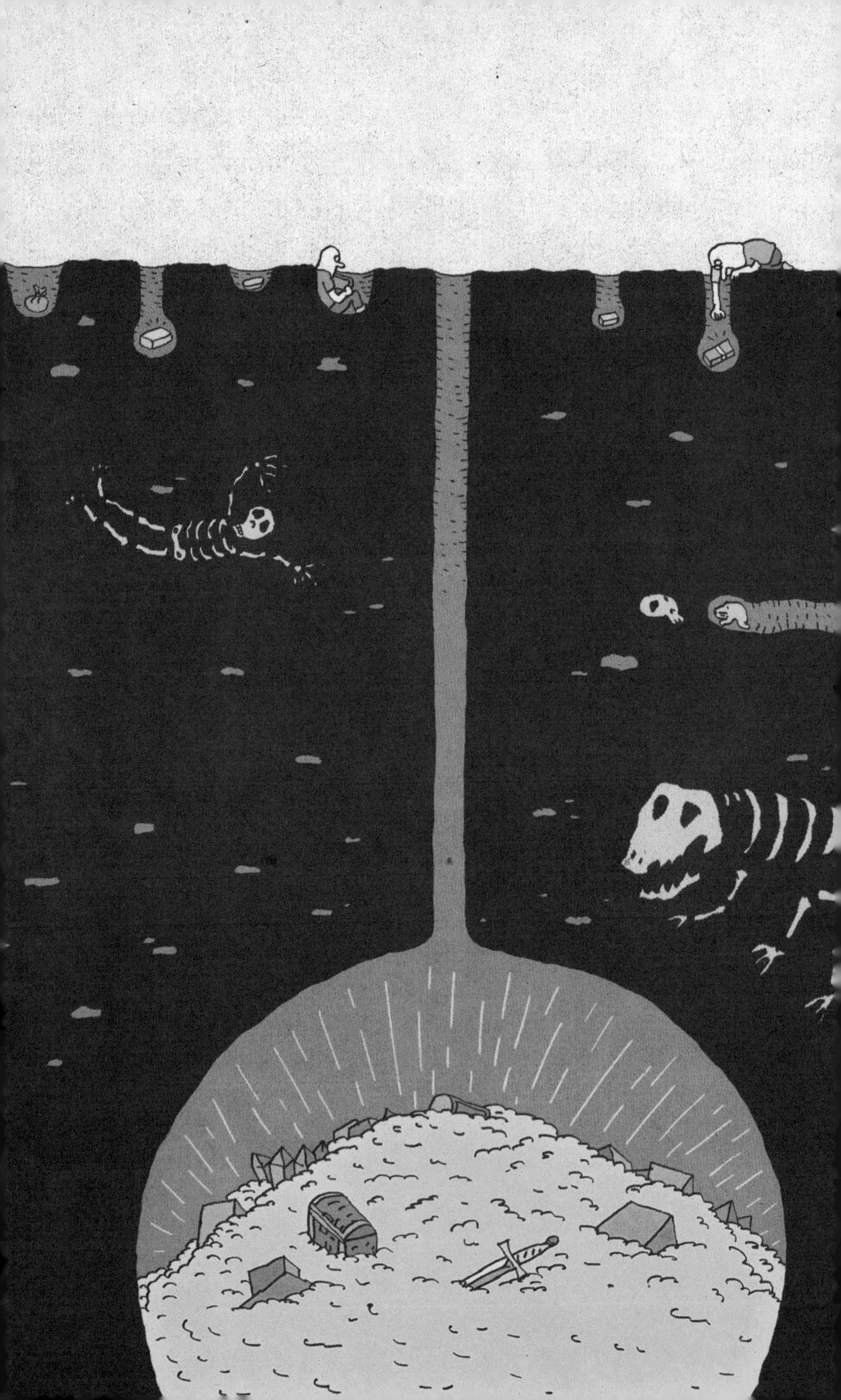

일에 필요한 집중력을 갖춘 이들이 부족하기 때문이기도 하다. 실업자가 넘쳐 나는데도 정작 회사들은 필요한 인재를 구하기가 어렵다고 아우성치지 않던가.

민주주의란 원래 그런 것

여기까지만 들으면 인류의 미래는 아주 어두워 보인다. 그러나 역사를 돌이켜 보면 꼭 그렇지만도 않다. 옛날 그리스 아테네에는 '도편 추방제 ostracism'라는 것이 있었다. 매년 시민들이 나라에 해를 끼친 사람의 이름을 도자기 파편에 적어 내는 제도였다. 6,000명 이상이 어느 한 사람의 이름을 적었다면, 그는 추방되어 나라 밖에서 10년을 보내야 했다.

예나 지금이나 뛰어난 이는 사람들의 오해를 사기 쉬운 법이다. 도편 추방을 하면 엉뚱하게도 가장 유능하고 우수한 자들이 질투를 사서 아테네 밖으로 쫓겨나곤 했다. 그럼에도 니체 같은 철학자들은 도편 추방제를 아주 훌륭한 제도라고 칭찬했다. 왜 그랬을까?

너무 잘난 사람이 있으면 소시민들은 제 목소리를 내지 못한다. 뛰어난 자와 비교하면 자기 생각이 보잘것없다고 느껴져서다. 반면에 모두가 고만고만한 수준이라면 어떨까? 여기저기서 목소리를 높여 다양한 의견이 터져 나오게 마련이다. 그러다 보면 기발하고 뛰어난 생각도 나온다. 결국 도편 추방제는 보통 사람들이 자유롭게 생각을 펼치도록 사회 엘리트들을 내치는 전략인 셈이다. 이 같은 과정을 거치며 아테네는 민주 국가로 자리 잡았다. 다수의 의견이 넣넣 살난 사람의 생각보다 현명할 수 있다. 민주주의는 이런 믿음 위에 뿌리내리고 있다.

아테네 시민의 수준이 지금 사람들보다 높았다고 보기는 어렵다. 글자를 읽지 못하는 이들도 적지 않았지만, 그들은 시장통에서 쑥덕이며 '여론'을 만들어 갔다. 이들의 지식이나 생각의 깊이도 지금의 '산만형 인간'들보다 나을 게 없었다. 그런데도 이들의 여론은 뛰어난 사람 몇몇의 의견보다 적절한 경우가 많았다.

그렇다면 지금의 '산만형 인간'들은 어떨까? 이들도 아테네 시민들만큼 왁자하게 떠들어 댄다. 인터넷 게시판은 누구에게나 공평하게 열려 있다. 권력을 쥔 자라고 해서 유리할 게 없다. 민주주의란 원래 특별할 것 없는 자들이 모여서 사회를 이끌어 가는 제도다. 한 사람 한 사람은 보잘것없어도 모두 모이면 위대한 '집단 지능Collective Intelligence'이 창출된다.

어찌 보면 '산만형 인간'은 민주주의와 무척 잘 어울리는 사람들이다. 이들은 엄청나게 넘쳐 나는 정보 속에서도 관심 있는 내용을 콕 집어낼 줄 안다. 10대 청소년은 어른보다 주의력이 떨어지지만 '검색 능력'은 훨씬 뛰어나다. 이들은 빠른 속도로 정보를 훑으며 의견을 던지고 여론을 이끌어 간다. '산만형 인간'들은 자신의 부족함을 여러 사람이 토해 놓은 정보로 채울 줄 안다. 아테네 사람들이 대화를 통해 부족한 지식을 메워 나갔듯이 말이다.

생각할 필요 없잖아? –증가하는 B형 인간

하지만 아테네 민주주의는 결국 무너지고 말았다. '산만형 인간'에게는 복잡한 생각을 이끌어 갈 능력이 없다. 힘쓰는 일을 기계에만 맡기다 보면 내 근육은 약해지게 마련이다. 생각도 마찬가지다. 사람들의 말잔치 속에서 괜찮은 생각만 추려내다 보면 어느덧 두뇌는 흐물흐물해진다. 논리는 흐리멍덩해지고 애먼 감정에 휘둘리게 된다는 뜻이다. 그럴수록 사람들은 현명하고 똑똑해 보이는 사람에게 기대려 한다. 이런 상태에서는 시간이 갈수록 독재자가 올곧은 뜻을 펼치는 척하며 사람들을 속이기가 쉬워진다. 사람들이 스스로 판단하는 법을 잊어버리는 탓이다. 그래서 민주주의는 결국 독재로 끝맺고 만다.

지금의 '산만형 인간'들은 어떨까? 현대 사회에서는 부족한 집중력을 메워 주는 '장치'가 너무나 많다. 쇼핑을 할 때조차 사람들은 무엇을 살지 고민할 필요가 없다. 인터넷에는 몇몇 조건만 입력하면 알아서 '추천 상품'을 찾아 주는 사이트가 많다. 나의 스케줄을 관리해 줄 뿐만 아니라 자신이 어떤 사람이고 무엇을 원하는지, '나를 대신해' 분석하고 설명해 주는 상담 프로그램도 넘쳐 난다. 여기에 기대다 보면 어느새 생각하는 힘은 약해진다.

오마에 겐이치는 일본 사회에서 B형 인간이 점점 늘어난다며 한숨을 내쉰다. B형 인간이란 "구체적인 것은 아무것도 모른 채 인기나 분위기에 휩쓸려 행동하는 이들"을 일컫는다.

인터넷에서 정보는 현명한 순서대로 순위가 매겨지지 않는다. 사람들이 많이 봤거나 광고료를 지불한 정보가 검색어 1순위로 뜬다. 그래도 B형 인간들은 아무 생각 없이 가장 많은 사람이 검색한 의견을 따르곤 한다. 인터넷을 하다 만나는 "동의하십니까?" 질문에 별 생각 없이 "예"나 "확인" 버튼을 누르는 일이 얼마나 많던가.

'산만형 인간'은 점점 더 느는 추세다. 우리 시선을 잡아끄는 신기한 기계도 더욱 많아지고 있다. 각종 광고가 자기는 최고 품질을 갖추었으니 망

설이지 말고 선택하라며 우리를 부추긴다. 그럴수록 생각하는 힘은 점점 약해져만 간다. 우리는 과연 헛된 정치가들이 유혹하는 소리에 휘둘리던 아테네 사람들과 얼마나 다를까?

인터넷의 발달은 이제 돌이킬 수 없다. 광고 기법이나 주의를 잡아끄는 기술의 발전도 멈추지 않을 테다. 따라서 '산만형 인간'은 인류의 '정해진 미래'에 가깝다. 그렇다면 산만형 인간들이 꾸려 가는 사회가 현명해질 방법은 무엇인가? 우리 사회가 아테네 민주주의처럼 허물어지지 않으려면 고민하고 또 고민해야 할 문제다.

인과율은 지고 통계가 뜬다?

과학의 시대, 인과율은 '전가傳家의 보도寶刀'와도 같았다. 고개를 끄덕이게 하려면 그럴듯한 이유와 근거를 들어야 하지 않겠는가. 그러나 컴퓨터의 발달은 인과율을 필요 없게 만들었다. 예컨데 세탁소 옆에선 만홧가게가 잘된다고 한다. 그 이유가 무엇인지 인터넷 검색으로 알아본다고 해 보자.

20세기를 살던 사람들은 '원인'과 '근거'에 매달렸다. 하지만 인터넷 세대는 다르다. 구태여 이유를 따질 필요가 없기 때문이다. 검색으로 드러난 결과만 받아들이면 된다. 구글 같은 사이트에는 하루에도 수십억 명이 검색어를 입력한다. 검색 결과가 모두 저장되니 엄청난 통계 자료가 모이는 셈이다. 서로 엮인 통계 자료는 그 자체로 믿음을 준다.

인터넷 검색 결과, 세탁소와 만홧가게가 연관 검색어로 같이 뜨는가? 그렇다면 수많은 사람이 두 가지를 하나로 엮어 생각한다는 뜻이다. 그러니 구태여 '원인'을 따지지 않아도 된다. 통계치 자체가 이 정보가 믿을 만하다는 '보증'이 되기 때문이다. 이렇게 인터넷은 인과율을 따지는 일마저 허무하게 만든다. 인과율조차 흐릿해진 세상이 되면 과학의 미래는, 아니 인류의 미래는 어떻게 될까?

미래를 읽는 책

강유원 지음, 《서양 문명의 기반》, 미토, 2003
오마에 겐이치 지음, 양영철 옮김, 《지식의 쇠퇴》, 말글빛냄, 2009
매기 잭슨 지음, 왕수민 옮김, 《집중력의 탄생》, 다산초당, 2010

2

새로운 대동 사회
—예속이 자유가 되다

우리는 현재 역사상 가장 발전된 시대를 산다. 민주주의가 꽃피었고 풍요가 넘쳐흐른다. 이제 사람들은 미래를 '성장'으로 그린다. 과거 100년이 그랬듯 앞으로도 경제와 정치는 계속 나아지리라 믿는 듯싶다. 하지만 과연 그럴까?

무한 성장을 위해서는 무한한 자원이 필요하다. 그러나 석유와 천연자원은 이미 바닥을 드러내고 있다. 민주주의 또한 역사를 통해 '확증된' 제도가 아니다. 옛 그리스와 현대같이 '아주 짧은 시기에만' 꽃피었을 뿐이다. 모든 문명은 태동과 발전 뒤에 몰락의 시기를 걷는다. 그럼에도 발전의 정점에서 사는 사람들은 몰락의 공포를 떠올리지 못한다.

우리의 미래는 어떨까? 우리 문명은 태동, 발전, 몰락 가운데 어느 지점에 있을까? 2부에서는 '공동체의 미래'를 주로 다룬다. 예식, 자유, 민주주의, 소비, 엘리트라는 다섯 가지 화두로 우리 문명의 '예상 수명'을 짚어 본다. 유능한 의사는 꿈을 꾸지 않는다. 현실을 볼 뿐이다. 우리도 밝은 눈으로 미래를 대비할 때다.

7

예식의 미래

밥상 공동체를 되살리자!

순자荀子는 "예禮란 오감五感을 만족시키는 것이다."라고 했다. 조선 시대 임금과 신하가 만나던 예식, 조회朝會가 바로 그랬다. 일단 규모 면에서 조회는 '버라이어티'급이었다. 가장 규모가 큰 예식은 조하朝賀, 즉 동지와 설날 아침 또는 왕의 즉위식 날이나 탄일 같은 경축일에 임금에게 하례하는 경우였는데, 동원되는 병사만 5,000명이 넘었다. 왕의 주변에는 국왕을 나타내는 깃발과 부채 등이 따랐다. 갖가지 색깔의 옷을 입은 신하들이 벼슬의 높고 낮음에 따라 정해진 자리에 서면, 향로에서는 향이 피어올랐고 웅장한 음악도 울려 퍼졌다. 이때 신하들은 왕을 향해 네 번 절한다. 하지만 왕은 답례하지 않는다. 왕은 '하늘'이기 때문이다. 어찌 하늘이 움직이겠는가. 조회가 끝나면 왕은 북쪽으로 퇴장하고, 이어 신하들이 남쪽으로 나갔다.

회사의 직원 모임처럼 일상적인 조회도 있었다. 한 달에 네 번 열린 아일衙日 조회가 그랬다. 궁궐 관리들은 이날만큼은 엎드려서나마 왕을 볼 수 있었다. 이렇듯 조회는 규모를 달리하며 자주 이루어졌다.

만약 대통령이 이렇듯 큰 규모로 공무원들과 자주 '조회'를 갖는다면 어떨까? 아마도 시간과 예산 낭비라며 불평이 끊이지 않을 듯싶다. 현대는 편리와 합리성을 앞세우는 시대 아니던가.

한결같이 《주자가례》대로 했다

장중한 예식을 치르는 건 사대부 집안에서도 마찬가지였다. 《주자가례朱子家禮》는 관혼상제冠婚喪祭의 매뉴얼과도 같았다. "한결같이 《주자가례》대로 했다."라는 말이 자랑으로 쓰일 정도였다. 뼈대 있는 가문은 결혼과 장례 같은 행사에서도 품위가 느껴지게 마련이었다. 주자朱子는 매일매일 예절을 몸에 익히는 절차 없이는 품격과 기품이 몸에 배지 않는다고 했다.

《주자가례》의 첫 장章인 〈통례通禮〉에서 주자는 사마광司馬光이 집안에서 했다던 의식을 찬찬히 일러 준다. 가장의 의무와 역할, 부모와 자식, 시어머니와 며느리, 친척들 간의 격식 차리는 방법을 말이다.

> 가족들이 모일 때면 …… 남자들은 왼쪽에 서는데 윗사람부터 서쪽에 선다. 부인들은 오른쪽에 서며 동쪽부터가 윗사람이다. 모두 북쪽을 바라보고 위아래를 따져 순서대로 자리를 잡는다. 그 후 모두 함께 가장에게 절한다. 그런 다음 맏형은 문 왼쪽에 서고 맏누이는 문 오른쪽에 서서 모두 남쪽을 향한 뒤 아우와 누이들과 차례로 인사를 나눈다. …… 절 받기를 마친 이들은 먼저 물러간다. 이보다 낮은 사람들도 문의 동쪽, 서쪽에 서서 절을 받는다.

매달 초하루와 보름에 했다던 사마광의 의식을 소개한 구절이다. 복잡하지만 우리에게도 낯설지 않은 풍경이다. 설날에 세배하는 방식이 딱 이것 아니던가. 하지만 설날 같은 가족 모임을 격주마다 한다고 해 보자. 지금 사람들은 기겁할지도 모르겠다. 서로를 아끼는 마음이 중요하지 그깟 격식이 뭐 그리 중요하냐면서 말이다. 편리와 합리성이 중요한 현대에는 맞지 않는 일인 듯싶은데, 정말 그럴까?

격식대로 하거나, 짐승이 되거나

예식을 치르는 데는 시간과 돈, 품이 적잖이 든다. 그럼에도 옛사람들이 예식을 강조한 까닭은 무엇일까? 예식은 사람들이 서로 어떤 사이인지 확인시키는 효과가 있다. 차례나 제사를 예로 들어 보자. 누가 잘나고 뛰어나다 해서 먼저 절하는 법은 없다. 아무리 못났더라도 절은 맏이부터 올린다. 아옹다옹하던 집안이라도 그 순간만큼은 서열이 분명해진다. 더구나 아니꼬운 일이 있더라도 행사에 빠져서는 안 된다. 부모님 제사에 별 이유 없이 안 왔다가는 짐승처럼 여겨지며 경멸을 받기도 한다. 격식대로 하거나, 짐승이 되거나. 예절은 원하는 방향으로 행동을 이끄는 효과가 있다.

앞서 말한 조회처럼 궁궐의 의식도 마찬가지다. 예식을 통해 왕과 신하는 자신의 위치와 서열을 직접 '눈으로' 확인하는 셈이다. 물론 윗사람이라도 아랫사람을 함부로 대하지 못한다. 왕조차 정해진 의식 절차에 따라 움직여야 하고 자신에게 걸맞은 역할을 해야 하는 까닭이다. 이때 현실에서는 모호하던 관리들 사이의 관계도 뚜렷하게 정리된다. 직위별, 직종별로 말이다.

관계가 분명해지면 무엇이 좋은가? 서로 간에 해야 할 것과 하지 말아야 할 것을 가리기가 쉬워진다. 주자가 예식을 매일같이 연습하라고 한 뜻은 여기 있다. 절차를 갖추어 예식을 반복하다 보면 서로를 존중하는 마음도 저절로 싹트게 마련이다.

서양에서도 그랬다. 프랑스 궁궐에서는 매주 두 번씩 왕의 식사 모습을 '공개'하는 '그랑 쿠베르grand couvert'가 열렸다. 왕은 여러 사람 앞에서 공개적으로 밥을 먹었고, 사람들은 대부분 왕이 먹는 모습을 그냥 '구경'했다. 왕과 나란히 앉을 정도로 고귀한 사람이 누구인지까지 세세하게 정해졌던 시대, 왕의 식사 자리에 함께한다는 것은 어지간해서는 누리지 못할 영광이었다. 아주 높은 귀부인들만 등받이 없는 의자에라도 앉아 바라볼 뿐, 나머지 사람들은 그냥 선 채로 왕의 식사를 지켜보았다.

수많은 시선 앞에서 밥을 먹었던 왕은 속이 편했을까? 당연히 그랬을 리 없다. 가장 큰 권력을 누렸다던 태양왕 루이 14세조차 어지간하면 오붓이 식사를 하고 싶어했을 정도다. 그 역시 그랑 쿠베르를 피해 가지는 못했다. 왕이 누구인지, 귀족과 관리들 사이의 관계와 지위가 어떻게 결정되는지, 이런 예식을 통해 끊임없이 보여 주어야 했기 때문이다.

격식을 따지기는 여염집도 마찬가지였다. 영국 빅토리아 여왕 시대, 저녁 초대 자리에서는 아무하고나 이야기하지 못했다. 그 자리를 주최한 사람이 자기 왼쪽에 앉은 여인에게 말을 걸면 이를 시작으로 앉은 순서에 따라 차례로 대화가 진행되었다. 한 가지 주제만 놓고 대화하는 것도 금기 사항이었다. 답답할 것 같아도 이런 예절은 대화에서 소외되는 사람이 없다는 이점이 있었다.

예식, 공정이 되다

그러나 오늘날에는 예식이 점점 사라지는 추세다. 평등하게 살아가는 현대인은 복잡한 의식을 싫어한다. 내가 남보다 높고 낮다는 사실을 뭐하려고 자꾸 확인해야 하는가. 피붙이끼리의 모임도 별로 '쿨'하게 여겨지지 않는다. 많은 사람이 명절 스트레스로 뒷머리를 잡곤 한다. 서로 하나 되어 똘똘 뭉쳐 살기보다는 적당한 거리를 두고 떨어져 있는 쪽이 편하다. 현대인들은 집단생활보다는 자유로운 사생활을 원한다.

그래선지 현대 사회에서는 공정process이 예식을 대신하는 추세다. 서로 친절하게 대하지만, 관계는 전혀 맺지 않는다. 미국의 저널리스트 에릭 슐로서Eric Schlosser는 《패스트푸드의 제국》에서 이 점을 날카롭게 지적한다.

패스트푸드점에서, 내가 들어가는 순간 점원은 "안녕하세요! 환영합니다!"라며 밝은 인사를 건넨다. 그러곤 공손하게 "주문 도와드릴까요?"라고 묻는다. '나' 역시 손님으로서 해야 하는 역할이 있다. 음식 쟁반을 받아들고 자리에 앉아 먹은 뒤 쓰레기를 깨끗하게 처리하는 일이다. 나갈 때는 점원의 "안녕히 가세요! 또 오세요!"라는 명랑한 인사가 이어진다.

점원은 나이가 많건 적건 간에 똑같은 말투와 태도로 손님을 맞는다. 원칙대로 한다는 점에서 패스트푸드점 점원과 손님들의 행동은 예식과 닮은꼴이다. 손님들도 예식에 참여하듯 절차대로 움직여야 한다. 정해진 규칙을 따르지 않았다가는 적잖은 눈총과 비난을 받을 테니까 말이다.

그러나 이 둘 사이에는 결정적 차이가 있다. 패스트푸드점에서 이뤄지는 절차는 공장에서 물건을 만드는 '공정'에 더 가깝다. 우리는 점원과 그 어떤 관계도 맺지 않는다. 서로 친절하고 경우 있게 대하지만 친해질 목적으로 그렇게 행동하는 것은 아니다. 하지만 예식은 그렇지 않다. 차례나 성묘

같은 의례는 가족이나 친지가 관계를 끈끈히 하는 데 목적이 있다.

슐로서에 따르면, 사회의 많은 부분에서 '패스트푸드화'가 진행되고 있다. 인간적 친밀함을 맺지 않고도 생활을 꾸려 나갈 수 있는 시대인 것이다. 인터넷의 발달 덕분에 최소한의 얼굴 맞댐도 없이 필요한 물건을 사고팔며, 혼자서도 충분히 살아갈 수 있다. 이런 사람들에게 격식과 예절은 별 의미가 없다.

그렇다면 과연 예식이 사라지는 세상이라서 사람들은 더 살기 좋아지고 행복해졌을까? 오히려 외로움과 우울증에 시달리는 현대인이 한둘이 아니다. 그럼에도 이들 대부분은 친척들과 잘 만나려 하지 않는다. 기제사忌祭祀나 차례 등 최소한의 관계를 이어 주는 의식에도 참석하기를 꺼린다.

결혼과 장례는 평범한 사람들이 인생에서 치르는 가장 큰 예식이다. 그러나 이 또한 숱한 관계 맺음 속에서 치러지는 경우는 점점 줄고 있다. 이제 의례는 더는 집에서 이루어지지 않는다. 돈으로 식장을 빌리고 음식을 사서 대접하며, 정情을 표시하는 일도 부조금으로 대신하는 것이 보통이다. 간편해서 좋기는 하지만, 허전하다는 느낌은 강해진다. 의식이 사라지는 세상에서 사람들은 더더욱 혼자다.

밥상 공동체, 모래알 세상의 대안이 될 수 있을까?

스파르타 사람들은 마을 단위로 한자리에 모여 다 함께 식사했다. 이른바 '밥상 공동체'라고 할 만하다. 왜 모두 모여 식사를 했을까? 같은 밥상에서는 차별이 있기 어렵다. 누구는 호화로운 음식을 먹는데 다른 이들은 푸성귀만 씹고 있

왜 오늘도
나물반찬뿐인데!!
계란
프라이라도
구워 주지
고기...
고기...
다 함께
먹는데
이럴 수는 없지...
나물뿐이네
채식주의자가
될까 봐...

다면 어떨까? 모두가 불편할 테다. 호화로운 식사는 남들 시선에서 충분히 떨어졌을 때 이루어진다.

그뿐 아니다. 식사 자리는 서로의 관계를 이어 주는 구실이 된다. 또한 가족 간의 예절이나 각자의 위치를 확인하는 자리가 되기도 한다. 윗사람이 수저를 들기 전에 아랫사람이 먼저 식사를 시작하는 법은 없다. 이는 동서양 어디서나 통하던 식탁 예절이다. 또 한자리에서 식사를 하다 보면, 사람들은 식사 자리에 없는 사람들의 안부를 묻고 확인하게 된다. 서로에게 관심이 생기는 순간이다. 같이 얼굴을 맞대고 밥을 먹어야 한다는 생각은 싸우고 싶었던 마음까지 누그러뜨린다. 격렬한 다툼 뒤에 올 불편함을 피하고 싶을 테니까 말이다.

이 때문에 한 세대 전만 해도 저녁 식사만큼은 온 가족이 함께해야 한다는 생각이 강했다. 서양에서도 저녁 식사는 사교의 의미가 컸다. 하지만 지금은 동서양 할 것 없이 컴퓨터 모니터 앞에서 홀로 저녁을 때우는 사람이 많다. 물론 신경 쓸 게 없으니 편해서 좋기는 하다. 그러나 외로움이 서서히 마음을 좀먹는 것은 어쩌지 못하리라.

예식은 관계 맺음에서 큰 부분을 차지한다. 모두가 모래알처럼 흩어지는 세상, 적어도 저녁 밥상만큼은 함께하는 문화가 되살아나야 하지 않을까? 앞서 소개했듯 주자는 예를 매일매일 연습해야 한다고 하지 않았던가. 예식은 서로 얼굴을 맞대게 하며 관계를 이어 나가게 하는 끈이다. 생활 공간이 서로 다른 현대인들에게 함께하는 밥상은 서로의 관계를 이어 주는 마지막 보루가 아닐까?

모래알 공동체의 시대, 의식의 미래는?

'왼발 새끼발톱을 기르는 사람의 모임'같이 희한한 동호회를 꾸린다고 해 보자. 모임을 만들기가 쉬울까? 하지만 인터넷을 통해서라면 어렵지 않다. 50억 인구 중 이런 취향을 가진 사람이 수천 명은 되지 않을까? 소문만 나면 세상 곳곳에 흩어진 별난 사람들이 끼리끼리 모일 테다.

취향과 개성에 따라 얼마든지 무리를 지을 수 있는 세상이다. 다양한 구성원과 목소리가 뒤섞인 공동체가 오히려 자리 잡기 어려운 이유다. 조금만 품을 팔면 자기 입맛에 꼭 맞는 부류하고만 지낼 수 있다. 이마저 싫으면 '은둔형 외톨이'로 지내기도 한다. 그래도 사는 데는 별 지장이 없다. 인터넷만 있다면 말이다.

이런 세상에서 굳이 '사회 통합'을 외칠 필요가 있을까? 앞으로 '사회생활'이란 '다른 취향의 사람들과 부딪치지 않는 법'이라는 뜻만 갖게 될지도 모른다. 단결의 의미는 사라진 채 말이다. 학교에서도 이미 공동체 의식을 키우는 조회 같은 행사는 거의 사라졌다. 의식이란 공동체임을 확인하고 그 구성원들을 하나로 묶는 행위다. 그런데 우리 사회는 점점 작은 모임들로 모래알처럼 흩어져 간다. 앞으로 인간관계는, 이에 따른 의식은 어떻게 바뀌어 갈까?

미래를 읽는 책

주희 지음, 임민혁 옮김, 《주자가례》, 예문서원, 1999
에릭 슐로서 지음, 김은령 옮김, 《패스트푸드의 제국》, 에코리브르, 2001
로이 스트롱 지음, 강주헌 옮김, 《권력자들의 만찬》, 넥서스, 2005
이혜순 외 지음, 《조선 중기 예학 사상과 일상 문화》, 이화여자대학교출판부, 2008

8

국가 유기체, 감시가 관심이 되다

북한에서는 심심치 않게 공개 처형이 이루어진다. 초등학생부터 고등학생까지 모든 학생이 단체로 처형을 '관람'해야 한다. 바로 자기 눈앞에서 뼈가 부서지고 피를 토하며 죽는 사람을 보는 심정은 어떨까? 한동안 말을 못할 만큼 충격을 받는 아이들도 적지 않단다. 그런데도 공개 처형이 사라진다는 소식은 좀처럼 들리지 않는다. 사람들을 겁먹게 하는 데 이것만큼 좋은 방법이 없기 때문이다.

공개 처형이 없으면 자유로울까?

우리 사회에서 이런 일은 상상하기도 어렵다. 그렇다면 우리는 북한보다 자유롭고 평화로운 세상에서 살고 있을까? 철학자 미셸 푸코Michel Foucault는 그렇지 않다고 잘라 말한다.

북한의 관리들은 왜 그렇게 잔인할까? 그들에게는 사람들을 길들일 방법이 별로 없기 때문이다. 공개 처형을 본 사람들은 한동안 몸을 사리며 눈치를 보게 될 테다. 잘못하다간 자기도 죽을 수 있다는 두려움에서다.

하지만 정보 기술이 발달한 사회에서는 공개 처형을 할 필요가 없다. 그러지 않아도 사람들을 길들일 수단은 충분하기 때문이다. 죄를 지어 경찰에 쫓기는 신세가 되었다고 해 보자. 그러면 감옥에 갇힌 것과 별로 다르지 않은 처지가 되어 버린다. 신용 카드나 현금 카드는 경찰의 추적을 받을 터, 당연히 사용하기 어렵다. 버스나 지하철을 탈 때 기록이 남으니 교통 카드도 못 쓴다. 카드 대신 돈다발을 싸들고 다니면 어떨까? 오히려 더 의심을 받을 것이다. 무언가 구리지 않는 한, 거액을 현금으로 치르는 사람은 거의 없다. 곳곳에 숨어 있는 CCTV 카메라도 하루 종일 나의 모습을 기록한다.

우리는 자유롭게 살고 있다고 믿을지 모른다. 하지만 정해진 틀을 조금만 벗어나도 어디선가 나를 '감시'하는 이들이 튀어나온다. 요금 내는 날을 하루만 놓쳐도 어김없이 날아오는 독촉장이나 부모에게 자녀의 지각을 알리는 문자 메시지 등등. 분명 우리는 북한만큼 잔인한 사회에서 살고 있지는 않다. 그러나 우리 일상은 공개 처형이 일어나는 세상보다 훨씬 더 촘촘한 감시로 옥죄어 있다.

나를 길들이는 소소한 규칙들

미셸 푸코에 따르면, 감시 기술이 좋아질 때 공개 처형은 줄어든다. 공개 처형에는 많은 부담이 따른다. 그래서 권력자들도 이런 방식으로 사람 다루기를 즐기지 않는다. 만약 사람들이 사형수를 불쌍해하면 어떻게 될까? 오히려 죽음을 당하는 이들의 편에 서려 한다면? 공개 처형을 보여 주려고 만든 자리가 정부를 비판하는 곳으로 비뀔지 모른다. 권력을 쥔 자들에게는 무척 난감한 일이다.

그래서 권력자들은 사람들을 조금씩 서서히 길들여 나간다. 학교에서 잘못했을 때 전교생이 보는 앞에서 망신을 당한다면 어떨까? 분한 마음에 거세게 항의할지도 모르겠다. 하지만 "지각했으니 벌점을 받고, 복장이 흐트러졌으니 벌로 청소를 해라."라는 말을 들었을 때는 사정이 다르다. 자기가 무엇을 어겼는지 분명하고 벌도 무겁지 않기에 쉽게 받아들이게 된다.

마찬가지로 권력자들은 생활을 잘게 쪼갠다. "무단 횡단하지 말라.", "세금을 제때 내라.", "아무 데서나 소리 지르지 말라." 등 각각의 규칙에는 그것을 지키지 않았을 때 받아야 할 벌칙이 따른다. 이는 마땅히 지켜야 할 것들인 데다 벌도 받아들일 만한 수준이다. 하지만 이런 소소한 규칙들이 모여 때로는 개인을 옴짝달싹 못하게 묶는다.

권력을 쥔 사람들이 마음에 안 들어 군중이 시위를 했다고 치자. 그들을 처벌할 때 권력자들은 절대로 "나에게 반대했기에 벌을 내린다."라고 하지 않는다. 군중이 "도로를 자기 마음대로 차지하고", "교통 신호를 무시했기에" 처벌한다고 말한다. 이처럼 지켜야 할 규칙이 세세하게 쪼개져 있으면 불만을 터뜨리기 어렵다.

보통 사람의 생활을 잘게 쪼개어 길들이려면 감시도 철저해야 한다. 내가 무단 횡단을 했는지 안 했는지 모른다면 어떻게 나를 처벌하겠는가? 그래서 권력자들은 감시 기술을 끊임없이 발전시킨다. 정치학자 렉 휘태커Reg Whitaker에 따르면, 감시는 더 철저한 감시를 부르게 마련이다. 건물 입구 한 곳에 CCTV 카메라를 달았다고 해 보자. 그러면 다른 문에도 카메라를 달아 달라는 부탁이 쏟아져 들어오게 된다. 외부 침입자가 CCTV 카메라가 없는 문으로 들어올 수 있기 때문이다.

이렇게 거리 곳곳에 감시의 눈초리가 점점 늘어 간다. 인터넷 같은 공간은 말할 나위도 없다. 접속한 IP 주소internet protocol address만 알아내면 내가 무엇을 했는지 정부가 나보다 더 잘 알게 된다. 그래도 '보안'을 강조하는 목소리는 높아만 간다.

감시가 관심이 된 세상

역사상 우리 시대만큼 감시가 철저한 때는 없었다. 그럼에도 우리의 표정은 그다지 어둡지 않다. 렉 휘태커는 그 까닭을 "우리 스스로 감시당하기를 원하기 때문"이라는 데서 찾는다. CCTV 카메라는 대부분 주민들의 요구에 따라 설치된다. 더 안전하게 길거리를 다니고 싶어서다. 돈을 빌리고 갚는 일이 전산으로 처리되면 나의 금융 거래가 모두 기록으로 남는다. 이는 곧 권력자들이 작정만 하면 나에 대해 속속들이 알 수 있다는 뜻이다. 그런데도 사람들은 전산화를 두려워하지 않는다. 이를 통해 얻는 편리함이 만만찮은 까닭이다.

나아가 온라인 쇼핑몰의 '우수 회원'이 되면 나에 대한 감시는 '관리'라는 이름 아래 더 철저하게 이뤄진다. 그럼에도 사람들은 우수 회원이 되기 위해 애쓴다. 왜 그럴까?

옛날에도 감시는 '마을' 단위로 적잖이 이루어졌다. 오랜 세월 이웃과 함께 살아가는 마을에서는 무슨 일을 할 때 눈치가 보인다. 나를 아는 사람들의 눈이 곳곳에 있어서다. 그렇다고 꼭 불편하지만은 않다. 나에게 무슨 일이 있는지 관심을 갖는 사람들이 그만큼 많다는 뜻이니까. 이웃끼리 가

난 안전해.

깝게 지내는 마을이 더 안전한 이유다.

그렇다면 현대 사회는 어떨까? 대도시에서는 나에게 관심을 갖는 이웃이 적다. 여기서부터 감시와 관심이 헷갈리기 시작한다. 우수 회원이라고 '인정'받을 때 누렸던 온갖 관심은 회원 자격을 잃는 순간 사라져 버린다. 그것은 곧 나에게 관심을 갖고 바라봐 주던 눈들이 사라진다는 뜻도 된다. 이처럼 우리 주변에 숱하게 널린 감시 도구들은 '관심'처럼 우리에게 되레 안정감과 편안함을 주기도 한다.

우리 시대에는 권력을 쥔 자들 또한 철저히 감시당한다. 우리를 감시하는 도구들이 권력자들을 감시하는 데도 쓰인다. 뉴스에 등장하는 숱한 비리 증거 화면들이 어디서 나왔겠는가. CCTV 카메라는 권력자들의 잘못을 잡아내는 데도 요긴하게 쓰인다. 우리 사회에서는 아무리 힘센 사람도 눈치를 보며 살 수밖에 없다. 제아무리 힘센 권력자라도 무수히 많은 인터넷 사이트와 게시판을 완벽하게 다스릴 방법은 없다. 잘못은 어디서든 드러날 수 있고, 이에 따라 여론은 무섭게 타오른다. 결국 우리는, 권력자들은 시민을 감시하고 시민은 권력자를 감시하는 '거울 같은 세상'에서 사는 셈이다.

하나의 생명체가 된 사회 – 국가 유기체설

다세포 생물은 여러 개의 세포로 이루어졌고, 단세포 생물에서 진화해 나왔다. 세포들은 제 힘으로는 움직일 수 없다. 두뇌는 엄격하게 세포들의 움직임을 다스린다. 반면에 두뇌도 세포들로부터 자유롭지 못하다. 발끝만 아파도 두뇌 전체가 고통으로 가득차지 않던가.

이처럼 우리 사회도 개개의 인간이라는 '세포'가 모여 하나의 생명체로 '진화'하는 것 아닐까? 세포들 하나하나가 모여 몸을 이루듯 개인들이 하나하나 모여 사회라는 '생명체'를 이룬다는 뜻이다. 개인은 전체를, 전체는 개인을 무시할 수 없다.

개인은 이제 자유롭지 않다. 우리의 자유는 감시 속에서 정해진 틀에 맞춰 길들여진다. 사회가 허락하는 것들, 곧 '바랄 수 있는 것들'만 바라게 된다는 말이다. 반면 사회 역시 시민의 눈치를 볼 수밖에 없다. 이 점에서 권력을 쥔 이들도 길들여지기는 마찬가지다.

국가 유기체설이란 사회의 모든 사람이 세포처럼 뭉쳐 사회라는 생명체를 이룬다는 주장이다. 원래 국가 유기체설은 독재자들이 자신을 변호할 때 쓰던 이론이었다. '머리'인 자신이 제대로 대접받아야 몸통인 시민도 안전할 수 있다는 논리다. 그러나 지금은 몸통이 머리에 굽실거리는 시대가 결코 아니다. 강한 근육으로 남들을 윽박지르는 '남성성'보다 남들을 배려하고 마음을 읽을 줄 아는 '여성성'이 주목받는 까닭도 이런 맥락에서 이해할 수 있다.

겸손과 양보, 배려와 질서가 문명을 무너뜨린다?

인간은 역逆진화를 하는 희한한 동물이다. 모든 생명체는 더 힘세고 강해지는 쪽으로 진화한다. 반면 인간은 더 약하고 의존적으로 바뀌어 간다.

진화학자 클라이브 브롬홀Clive Bromhall에 따르면 약하고 의존적으로 변하는 인간의 '유아화'는 "무리를 짓기 위해서"란다. 고릴라는 세 마리 이상 함께 사냥을 나가지 못한다. 그랬다가는 서로 치고받으며 싸우기만 하는 탓이다. 인간은 어떨까? 인간 무리에서는 상대를 달래고 돕는 품성이 아주 중요하다. 그러지 못하는 개인은 곧 '도태'될 테다. 개인 하나하나는 약하지만 집단 전체로는 인류가 최고의 힘을 발휘하는 이유다.

겸손과 양보, 배려와 질서는 문명사회에서 매우 강조되는 덕목이다. 하지만 이런 도덕이 퍼질수록 인류는 소심하고 나약해지지 않을까? 철학자 니체는 "노예 도덕"이 인류를 지배하고 있다며 한숨을 내쉬었다. 일본인들은 남을 배려하는 마음과 질서 의식이 높은 것으로 유명하다. 그러나 2011년 대지진 때 그들은 창고에 쌓인 생수 한 병도 제대로 먹지 못했다. 재해 물품을 분배하는 '규칙'을 따르느라 그랬단다.

전사는 강하고 당당하며 결단력이 있다. 전사들이 존중받는 사회는 발전을 이루었다. 반면 겸손과 양보, 배려와 질서 같은 덕목은 문명의 정점에서 꽃피었다. 그 다음에는 여지없이 긴 문명의 몰락기가 이어졌다. 전사의 미덕이 스러지는 시대다. 과연 인류 문명은 중단 없이 발전해 나갈까?

미래를 읽는 책

미셸 푸코 지음, 오생근 옮김, 《감시와 처벌》, 나남출판, 2003
렉 휘태커 지음, 노명현 · 이명균 옮김, 《개인의 죽음》, 생각의나무, 2007
황장엽 지음, 《인간중심 철학 원론》, 시대정신, 2008

9

민주주의의 미래

'절대 가치'에서 '절대 절차'의 시대로

십자군 전쟁 당시 기독교도들이 행한 재판은 공포의 대상이었다. 그때 유행하던 불의 재판을 살펴보자. 죄인으로 지목된 사람은 벌건 숯불 위를 걸어야 했다. 만약 그 사람이 무죄라면? 신께서 보호하셔서 불 위를 걸어도 발을 데지 않을 것이다. 죄인이라면? 죗값을 치러야 하니 당연히 불에 타 죽을 터이다.

현대인에게 이런 재판은 황당함 그 자체다. 불 위를 걸으라는데 어느 누가 그대로 따르겠는가? 그러나 중세 유럽인들은 이런 재판을 당연하게 여겼다. 그들이 흉악범에게까지 변호할 기회를 주는 지금의 재판을 본다면 되레 혀를 찰지 모르겠다.

교회가 지배하던 세상에서 재판은 어차피 중요하지 않았다. 모든 건 하느님이 판단하실 일이다. 《성경》은 곧 진리였기에 그것과 어긋나는 일은 모두 죄악이었다. 《성경》은 그들의 세상을 지배하고 이끄는 유일하고도 완벽한 가치였다.

절대 가치에서 '절대 절차'로

이 점은 조선 왕조에서도 다르지 않았다. 조선은 성리학을 따르던 나라였다. 공자와 주자의 가르침에서 조금이라도 벗어나는 주장은 무조건 사문난적斯文亂賊이라고 비난받았다. 사문난적이란 성리학의 교리를 어지럽히고 그 사상과 어긋난 언행을 하는 사람을 가리키는 말이었다. 그 시대에 옳고 그름은 토론으로 가려지지 않았다. 오로지 공자와 주자의 '말씀'을 따르는지 아닌지로 가려질 뿐이었다. 옛 유럽에서는 기독교의 《성경》이, 조선에서는 공자와 주자의 가르침이, 묻지도 따지지도 말아야 할 '절대 가치'였던 셈이다.

절대 가치가 지배하는 사회에서는 서로 다른 견해를 하나로 통일하는 일이 간단했다. 무엇이 지배적 신앙과 이념에 맞는지 가려내기만 하면 논란은 금세 수그러졌기 때문이다. 그러나 민주 사회에서는 이러한 절대 가치들이 힘을 쓰기 어렵다. 특정 종교나 이념을 전체 시민에게 강요한다면 그건 민주주의가 아니다. 민주 사회에서는 사람들 하나하나의 신념과 판단을 존중하는 까닭이다.

그렇다면 민주 사회에서는 다른 생각들을 어떻게 하나로 모을까? 민주주의 아래서 사람들은 이성과 합리적 대화가 최선의 결과를 가져온다고 믿는다. 그러므로 누구도 자신의 신념을 남에게 강요해서는 안 된다. 그가 내 주장을 받아들이게끔 '설득'할 수 있을 뿐이다. 논리적이고 합당한 방법으로 자기 의견을 펼치고 그것이 얼마나 이로운지를 객관적으로 증명해 보여야 한다는 뜻이다. 즉 민주 사회에서는 합당하고 정당한 '절차'를 따르는지가 옳고 그름을 가리는 절대적 기준이 된다.

민주주의가 내세우는 절차는 독일 철학자 위르겐 하버마스Jürgen Habermas

의 '의사소통의 합리성 이론'에 잘 정리되어 있다. 이에 따르면, 서로 무슨 뜻인지 이해할 수 있고 주장하는 내용이 참이며, 상대가 대화의 결과를 성실히 지키리라 믿을 수 있을 뿐 아니라 말하는 사람들 사이의 관계가 평등하고 수평적일 때, 대화는 최선의 결론을 얻는다.

나아가 일을 할 때도 윤리적이고 누구나 동의할 만한 절차를 따르는지가 옳고 그름을 가리는 잣대가 되곤 한다. 한마디로 민주 사회는 절대 가치 대신 '절대 절차'가 지배하는 사회이다.

반증 가능성, 과학과 민주주의가 손잡다

민주주의의 합리적 절차는 과학에서 나왔다. 과학에서 자기 생각이 참임을 보여 주는 방법은 무엇일까? 정확한 논리와 객관적 실험이라는 '올바른 절차'로 결과를 드러내는 수밖에 없다. 틀림없는 논리와 설득만이 과학적 진실을 가리는 유일한 기준이다.

종교나 이념 등의 절대 가치는 당장은 혼란을 잠재우는 듯해도 결국에는 최악의 결과를 낳는다. 예컨대 갈릴레오는 자신이 지지하던 지동설이 《성경》의 가르침과 다르다는 이유로 벌을 받았다. 당시 일상을 지배하던 《성경》의 권위를 깨는 주장은 심각한 혼란을 낳을 수 있었다. 생활 곳곳을 이끌던 도덕과 윤리 또한 《성경》에 뿌리를 두었기 때문이다.

그러나 절대 가치는 영원할 수 없다. 절대 가치는 시대가 바뀌면 사회 발전을 가로막는 도그마dogma로 변하곤 한다. 발전하는 사회를 어떻게든 자신의 품속에 가둬 두려 하기 때문이다. 예를 들어 진시황은 자신의 지배를 위협할 만한 책은 모두 불태우고 학자들까지 파묻어 버리는 분서갱유焚書坑儒로 변화에 맞섰다. 서양 중세 시대에 교회의 교리는 과학의 발전을 잔인한 종교 재판으로 억눌렀다. 이처럼 이념을 앞세운 권력자들은 다른 목소리를 내는 이들을 '반사회 세력'으로 몰아 짓밟곤 한다. 그럼에도 절대 가치는 역사 흐름을 막을 수 없다. 결국 이들도 무너지게 마련이다.

영국 철학자 칼 포퍼Karl Popper는 반증 가능성Falsifiability이라는 유명한 이론을 내세웠다. 절대적 진리는 지독한 편견일 뿐이다. 이론은 오히려 틀릴 가능성이 있을 때만 제대로 설 수 있다. 반론이 가능하고 이를 이성적으로 검토할 수 있는 분위기 속에서 사람들은 최선의 결론을 얻곤 한다. 현대 과학과 민주주의는 이성적이고 평화적인 방법으로 주장을 펼치고 일을 진행할 때 가장 좋은 결과를 얻는다고 굳게 믿는다는 점에서 서로 통한다. 절대적인 진리나 가치는 과학과 민주주의 안에서 설 곳이 없다.

가치는 사라지고 절차만 남은 현대 문명

확실히 어떤 권위를 강요할 때보다는 사람들이 자신의 이성을 최대한 발휘하도록 했을 때 가장 좋은 결과를 얻을 수 있다. 과학이 종교나 이념보다 인류를 더 풍요롭게 했으며, 민주주의가 잘 자리 잡은 나라일수록 생활 수준이 높다는 사실이 이 점을 잘 보여준다.

나아가 제대로 된 '절차'가 정착될수록 오류는 줄어들고 부패와 비리도 점차 사라진다. 사회가 선진화될수록 올바른 절차가 더욱더 강조되는 이유다. 절대 가치가 통할 리 없는 민주 사회에서는 올곧은 절차만이 사회 통합을 위한 절대적 기준으로 받아들여진다. 이런 측면에서 보면 현대 문명은 사람들 누구나 동의하는 가치는 사라져 버리고 절차만 남은 상태인지도 모르겠다.

그래서 현대 문명은 투명하고 효율적인 만큼 공허하기도 하다. 이성을 강조한다는 점에서 기계를 만드는 원리와 사람이 사는 원리가 동일하게 적용되곤 하는 것이 현대 문명이다. 물론 가장 논리적이고 합리적인 길을 찾다 보면 언젠가는 가장 좋은 기계를 만들 수도 있다. 그러나 사람 사는 세상에서는 가장 논리적인 대안이 꼭 제일 훌륭한 방안이 되는 것은 아니다.

기계는 프로그램대로 움직인다. 프로그램은 여러 가능성을 고려하여 어떤 상황에서도 가장 합리적이고 무리 없는 절차를 따르도록 설계되게 마련이다. 하지만 그것이 '모든' 상황에서 늘 제대로 작동하지는 않는다. 프로그램대로 행동해도 문제가 생기는 경우가 종종 있다.

절차를 강조하는 현대 문명은 마치 프로그램 오류와 같은 잘못을 사람들도 저지르게 만든다. 예컨대 초소를 지키는 병사에게는 경계 구역을 넘어온 사람에게 총을 쏘는 것이 '원칙'이다. 민간인처럼 보인다며 총을 못 쏘고 주저했다간 나중에 처벌을 받을 터이다.

행정 관리도 마찬가지다. 우리는 종종 충분히 해 줘도 될 일인데도 "규정에 없다."라며 손 놓고 있는 관료를 보곤 한다. 규정에 없는 일을 했다간 그 결과가 좋건 나쁘건 간에 비난이나 징계를 받을 수 있기 때문이다. 이처럼 합리적 절차만 강조되는 속에서는 오류와 융통성이 구분되지 않는 경우가 흔하다.

올바른 절차와 의미 있는 가치 사이에서

물론 이는 사소한 문제에 지나지 않는다. 올바른 절차는 융통성 문제도 가장 합리적으로 해결하기 때문이다. 이성에 따른 대화와 판단은 문제를 정확히 지적하고 해답도 제시한다. 단지 의견을 조정하고 문제를 잡아내는 데 시간이 걸릴 뿐이다.

정작 심각한 문제는 올바른 절차가 인간을 행복하게 만들지 못한다는 데 있다. 논리 회로가 가장 잘 설계된 기계는 최고의 성능을 보인다. 마찬가지로 가장 합리적인 사회가 가장 효율적으로 돌아간다. 실제로 경제와 정치가 함께 발달한 나라들은 하나같이 이성적으로 토론하고 대화하는 문화가 정착되어 있다.

하지만 선진국 시민들이라 해서 반드시 행복하지만은 않다. 부유한 나라일수록 우울증 환자가 많고 자살률도 높다. 올바른 절차는 풍요와 정의를 가져다주었지만, 사람들의 빈 가슴까지 메워 주지는 못했다. 기계는 효율적으로 작동하여 최고의 효과를 내면 그것으로 충분하지만, 인간 사회는 제대로 기능하는 것 이상의 무엇이 필요하다. 단순히 잘살고 정의로울 뿐만 아니라 사람들 가슴속에 삶의 의미를 채워 주는 그 무엇이 필요하다는 뜻이다.

우리 주변에는 "박정희 때가 좋았어……."라며 과거 독재 정권을 그리워하는 사람들이 있다. 그런가 하면 과학의 세기에 엉뚱하게 사이비 종교에 빠져드는 이들도 심심찮게 눈에 띈다. 다소 비합리적일지라도 강한 카리스마로 공허한 삶을 메워 주는 그 무엇이 필요한 탓이다.

합리적 절차는 풍요롭고 투명하며 정의로운 세상을 만들어 준다. 그러나 절대 가치가 제공해 주던 '삶의 의미'는 채워 주지 못하는 듯하다. 우리에게는 올곧은 절차뿐 아니라 삶을 다잡아 줄 가치도 필요하다. 가치는 사라지고 절차만 남은 현대 문명 속에서 삶을 다잡아 줄 그 의미는 어디서 찾을 수 있을까?

평화의 시대, 그 이후의 앞날은 발전일까, 몰락일까?

외상 후 스트레스성 장애PTSD는 큰 질병으로 여겨진다. 그러나 '외상 후 성장PTG: Post Traumatic Growth'은 별로 알려져 있지 않다. 많은 이가 전쟁과도 같은 엄청난 상처에 주저앉는다. 그러나 훨씬 더 많은 사람은 엄청난 충격을 딛고 일어나 더욱 성숙한다. 실연의 상처가 영혼을 무르익게 하듯이.

민주주의가 자리 잡은 사회는 안정적이다. '합리적'이기에 극단적 분노와 충격을 불러올 만한 일도 적다. 따라서 PTSD를 앓을 일이 적다. 그렇지만 PTG의 가능성 또한 낮아질 것이다.

영웅은 상처와 역경을 이겨 내며 성장한다. "난세에 영웅 난다."라는 말이 있지 않던가. 강한 적은 인간의 능력을 한껏 틔워 준다. 제 1, 2차 세계 대전은 과학의 수준을 한 단계 끌어올리지 않았던가.

세상 모든 것은 성장·발전·몰락의 과정을 거친다. 현대는 민주주의가 온 세상에 퍼지고 있는 평화Pax의 시대다. 발전 그래프에 제동을 거는 큰 전쟁은 수십 년 동안 일어나지 않았다. 인류 문명은 이미 정점에 다다른 것이 아닐까? 정점 이후에는 몰락의 시기가 이어진다. 물론 팍스 로마나Pax Romana같이 1,000년 남짓 가늘고 길게 이어진 평화의 시대도 있었다. 인류 문명은 과연 성장의 시기를 걷고 있을까, 아니면 몰락의 시대로 접어들고 있을까?

미래를 읽는 책

위르겐 하버마스 지음, 장춘익 옮김, 《의사소통행위이론》, 나남출판, 2006
칼 포퍼 지음, 이한구 옮김, 《열린사회와 그 적들》, 민음사, 2006

10

'소비자 천국'의 미래

농노 같은 삶을 살지 않으려면

직장 구하기 참 어려운 시대다. '이태백이십 대 태반이 백수', '장미족장기간 미취업 상태에 있는 사람' 같은 말도 이젠 낯설지 않다. 취직을 한다 해도 많은 경우 수입은 턱없이 적다. 그래서 직장인들도 '도둑 공부'를 한다. 더 좋은 일자리를 차지하려고 몰래 공부한다는 뜻이다. 취업에 필요한 '스펙Specification'을 쌓고자 영어 배우러 무작정 해외로 떠나거나'영어 난민', 더 좋은 학벌을 얻기 위해 언제든 학교를 옮길 생각만 하는 대학생들'메뚜기 대학생'도 적지 않다.

살아남기는 갈수록 힘들어진다. 우리가 게으르기 때문일까? 그런 것 같지는 않다. 입시 경쟁, 취직 경쟁, 승진 경쟁 등 우리는 늘 치열한 경쟁 속에서 살아오지 않았던가. 그런데도 괜찮은 직장은 하나둘 사라지고 봉급은 점점 낮아진다. 고작 몇 달 혹은 몇 년 일할 수 있는 계약직 자리만 늘어난다. 시대의 분위기상 대놓고 불평하기도 어렵다. 눈 밖에 났다가는 언제 직장 밖으로 내몰릴지 모르기 때문이다.

레몬을 쥐어짜라고?

세상은 왜 이 모양이 되어 갈까? 국민 소득은 해마다 늘어 가고 1인당 평균 소득도 날로 높아진다는데, 왜 우리 생활은 점점 더 팍팍해질까? 도대체 어떤 괴물 같은 존재가 세상을 이 따위로 몰아가고 있을까?

누군가는 말한다. 피도 눈물도 없는 기업가들이 세상을 이 지경으로 만들었다고. 어떤 이들은 머리가 빈 데다 썩어 빠지기까지 한 관료들을 탓한다. 단물만 빼먹고 냉큼 사라지는 국제 투기 자본인 헤지 펀드hedge fund를 향해 손가락질하는 이들도 있다. 하지만 미국의 노동부 장관을 지낸 로버트 라이시Robert B. Reich는 원인을 다른 데서 찾는다. 그에 따르면, 세상을 이렇게 만든 범인은 바로 '우리 자신'이다!

우리는 '소비자 천국의 시대'를 살고 있다. "원하는 것을 거리에 상관없이 가장 좋은 가격에 바라는 즉시 얻을 수 있다." 이는 소비자가 왕인 세상에서 우리가 당연하게 바라는 권리다.

하지만 가장 좋은 물건을 가장 낮은 가격으로 시장에 내놓으려면 어떻게 해야 할까? 당연히 값비싼 일손을 줄여야 한다. 한국인 노동자는 월급 300만 원을 받아야 하는 일을 중국인 노동자는 100만 원만 받고도 한다고 해 보자. 기업가들은 헛돈을 쓰는 법이 없다. 치열한 경쟁 시장에서 내가 값싼 인력을 쓰지 않으면 상대편이 선수를 칠 테다. 그러니 노동자들에게 돌아가는 월급봉투는 점점 얇아질 수밖에 없다.

미국의 기업가 잭 웰치는 "레몬을 쥐어짜라!"라고 외친다. 말라비틀어진 레몬도 움켜쥐고 짜면 즙이 나온다. 마찬가지로 좋은 제품을 낮은 가격에 내놓기 위해 비용을 줄일 여지는 언제나 있게 마련이다. 갈수록 근로 조건이 좋아지기는커녕 나빠지기만 하는 이유다.

Squeeze the Lemons!
내가 소비자인 동시에 노동자라는 사실을 자시 잊고 있었어…

만약 양심적 기업가가 나서서 근로자 월급을 올려 주자고 외치면 어떻게 될까? 이번에는 소비자들이 등을 돌릴 테다. 높은 봉급은 제품의 비싼 가격으로 이어진다. 똑같은 품질의 것을 굳이 더 비싸게 사려는 소비자가 있을까? 우리가 소비자로서 값싸고 질 좋은 제품을 원할수록 우리는 스스로를 벼랑으로 몰아붙이는 셈이다.

기크와 쉬링크 그리고 '알바 노예'들

한편 잘나가는 이들은 예전보다 훨씬 많은 수입을 챙긴다. 요즘은 수십 억, 수백 억 연봉을 받는 최고경영자CEO도 드물지 않다. 고급 인력은 늘 부족하다. 반면 사무직이나 판매업 등 고만고만한 일을 하는 사람은 차고 넘친다.

로버트 라이시는 이젠 두 부류의 사람들만 떼돈을 번다고 말한다. 하나는 전문 지식을 살려 아이디어와 신제품을 내놓는 '기크geek'이다. 다른 하나는 사람들의 마음을 잘 읽어 새로운 시장을 여는 '쉬링크shrink'이다. 기크가 첨단 기술 전문가라면, 쉬링크는 시장 전문가라 할 만하다.

이들의 몸값은 하늘 높은 줄 모르고 치솟는다. 회사들은 경쟁사에 '핵심 인재'를 빼앗기지 않기 위해 이들의 봉급을 계속 올려 준다. 혜택도 최고 수준이다. 하지만 이들에게 지불되는 봉급은 평범한 근로자들에게 돌아갈 몫에서 나온다.

특별한 기술이나 지식을 갖지 못한 사람들은 어차피 갈 곳이 없다. 봉급을 더 깎더라도 마땅히 옮길 직장이 없다는 뜻이다. 이와 달리 고급 기술자인 기크와 쉬링크는 언제라도 좋은 조건을 좇아 직장을 옮길 수 있다. 잡힌 고기에게 미끼를 계속 줄 바보는 없다. 경영자들은 갈 곳 없는 일반 근로자의 몫을 덜어 내어 핵심 인재를 데려오는 데 쓴다. 날이 갈수록 전문 경영인·고급 기술자와 노동자 간의 수입 격차가 벌어지는 이유다.

수백 년 전 유럽 농부들은 노예에 가까웠다. 그들에게는 농사지을 땅과 집이 있었지만 마음대로 옮겨 다니지는 못했다. 그들을 다스리던 영주가 허락해야만 이사를 할 수 있었던 탓이다. 설령 영주가 허락한다 해도 농부들은 갈 곳이 없었다. 이미 다른 지역 땅도 누군가가 차지하고 있었다. 떠난다 해도 대체 어디로 간단 말인가? 농부들은 영주나 귀족의 행패를 고스란히 견뎌야 했다. 달리 뾰족한 수가 없었다.

지금의 평범한 근로자들도 이와 비슷하지 않을까? 학자들은 수백 년 전 유럽의 농부들을 '농노'라고 부른다. 그럼 지금의 근로자들은 '알바 노예'라 할 수 있지 않을까? 일터는 점점 아르바이트 자리같이 불안해지고, 현재의 직장을 박차고 나간다 해도 마땅히 갈 곳이 없다. 그래서 그 자리에 머물러야 한다. 기크와 쉬링크들이 현대판 귀족이 되어 가는 반면, 평범한 근로자들은 농노와 비슷해지고 있다.

우리의 전력 질주에는 결승점이 없다

하지만 기크와 쉬링크도 결코 행복하지 않다. 경쟁이란 위로 올라갈수록 더 치열하게 마련이다. 세상의 흐름은 눈이 팽팽 돌아갈 만큼 빠르다. 한순간이라도 마음 놓았다가는 금세 이류나 삼류가 되어 버린다. 세상은 잘나가는 펀드매니저나 국제변호사 같은 기크라고 해서 마음 편히 살도록 내버려 두지 않는다. '알바 노예'들이 아득바득 쫓기는 삶을 살듯, 그들 역시 치열한 삶을 피해 갈 수 없다.

프로 스포츠 선수들은 몸값 높을 때 많은 돈을 챙겨야 한다. 기크와 쉬링크도 마찬가지다. 그들은 대부분 자신이 올린 수익만큼 자기 몫을 철저히 챙긴다. 정년까지 일하리라는 보장은 어디에도 없다. 그러니 능력 있을 때 죽어라 뛸 수밖에 없다. 사람들은 미래가 불안할수록 더 열심히 오랫동안 일하려 한다. 햇볕 날 때라야 건초를 말릴 수 있는 법이다. 저축도 다르지 않다. 직장에 다닐 때 한 푼이라도 더 모아야 할 테다. 직장 분위기는 점점 삭막해진다. 기크도, 쉬링크도, 알바 노예도, 그 누구도 편안하지 않다.

과연 이 경쟁에 끝이 있을까? "이기기 위해서는 전력 질주를 해야 한다……. 우리의 전력 질주에는 결승점이 없다. '성공했어.'라고 말할 시점은 절대 오지 않는다." 인터넷 기업가 터드 와그너의 말이다. 우리의 삶은 이미 정글이다. 숨이 끊어질 때까지 살아남기 위해 아등바등해야 한다는 뜻이다.

물론 시장에는 품질 좋고 값싼 제품이 넘쳐 난다. 서비스도 최고 수준이다. 24시간 내내 문을 여는 가게도 많다. 언제 연락해도 상담원이 친절하게 맞아 준다. 하지만 이렇듯 멋진 세상을 살게 된 우리가 잃어버린 것은 무엇일까? 왜 우리는 부자 나라에 살면서도 쫓기듯 불안한 삶을 살게 되었을까?

일부일처제에서 배운다

우리는 역사상 가장 풍요로운 시대를 살고 있다. 그러나 우리는 가장 불안하고 경쟁이 치열한 시대를 살고 있기도 하다. 이런 헷갈리는 상황을 이겨 내려면 어떻게 해야 할까? 철학자 마이클 월저Michael Walzer는 귀가 솔깃한 해결책을 내놓는다. "많이 버는 사람만 고급 승용차를 탈 수 있다." 사람들은 이 주장을 무리 없이 받아들일 테다. 그러나 "많이 버는 사람만 명문 학교에 갈 수 있다."라는 주장은 어떤가? 이 말에 고개를 끄덕일 사람은 없다. 마찬가지로, 돈 있는 사람만 호화 여행을 할 수 있다는 사실에 눈을 치켜뜰 사람은 별로 없다. 그러나 돈 있는 사람만 제대로 된 재판을 받을 수 있다는 주장에 박수를 보낼 사람은 거의 없다.

월저는 사람들을 모든 분야에서 경쟁하게 해서는 안 된다고 힘주어 말한다. 하지만 교육이나 재판을 받을 때나 의료 기관에서 치료를 받을 때는 누구나 공평하게 자기 몫을 챙길 수 있어야 한다. 그러면 지금 같은 무한 경쟁 사회 역시 보다 인간적인 모습으로 바뀔 테다.

우리 자신의 욕심에 족쇄를 채우는 작업도 필요하다. 치열한 경쟁은 우리에게 더 많은 부와 풍요를 가져다주었다. 하지만 이젠 경쟁의 속도를 늦추지 않으면 세상 누구도 행복해질 수 없는 시대로 접어들고 있다. 어떻게 해야 덜 치열하게 경쟁할 수 있을까? 경제학자 로버트 프랭크Robert H. Frank와 필립 쿡Philip J. Cook은 《승자독식사회》에서 괜찮은 해법을 내놓는다.

이들에 따르면 일부일처제는 경쟁을 막는 효율적 제도다. 만약 능력 있는 사람이 멋진 이성을 독차지한다면 어떻게 될까? 세상은 불만 가득한 독신남과 독신녀로 가득 차게 될 것이다. 수많은 배우자를 거느리게 된 이들도 불안하기는 마찬가지다. 누구든지 그 능력이 영원할 수는 없는 법, 자신의 힘이 사라졌을 때 득달같이 달려들 경쟁자들을 어떻게 처리한단 말인가?

일부일처제는 여기에 속 시원한 해결책을 내놓는다. 누구나 한 명의 배우자만 맞이할 수 있다면 경쟁은 어느 정도에서 그칠 것이다. 좋은 배우자를 얻기 위한 '무한 경쟁'은 벌어지지 않을 테다. 한 명 이상은 '불륜'으로 손가락질 받기 때문이다. 경쟁으로 가득한 세상에서 우리가 갖추어야 할 지혜가 여기 있다. 우리에게는 자기 욕구를 합리적 수준에서 그치게 할 현명한 잣대가 절실히 필요하다.

나아가 중국과 인도 같은 나라의 발전은 우리에게 희망을 준다. 중국과 인도가 유럽이나 미국처럼 발전한다면 세상은 어떻게 바뀔까? 아프리카 변두리의 나라들조차 지금의 선진국들처럼 풍요롭게 된다면?

잘사는 나라일수록 물가가 비싸다. 세계 모든 곳이 골고루 잘살게 된다면 지금처럼 싼값에 좋은 물건을 구하기는 어려울 것이다. 하지만 근로자들은 좀 더 대접받게 될 것이다. 적어도 못사는 나라의 값싼 일손 탓에 자기 일자리를 잃는 경우는 사라질 테니까 말이다. 떠오르는 중국과 인도, 아시아 여러 나라의 모습이 두렵게만 다가오지 않는 이유다.

'소비자 중심 시대'는 가고 '생산자 중심 시대'가 온다?

역사에서 생산량이 소비량보다 많았던 시대는 최근 100년 남짓이 유일하다. 인류는 항상 물자 부족에 시달렸다. 그렇다면 지금과 같은 '생산 과잉의 시대'는 언제까지 계속될까? 무한 성장은 자원이 무한함을 전제한다. 그러나 천연자원은 화수분이 아니다. 석유와 천연자원은 이미 바닥을 드러냈다.

인류 문명은 자연이 허락한 만큼 그 범위 내에서 굴러가는 것이 '정상'이다. 인류의 생산은 오랫동안 자연환경이 감당해 내는 만큼만 그 범위 내에 머물렀다. 그 이상은 욕심낼 수 없었다. 인류 역사의 거의 모든 사상이 '절제의 미덕'을 강조한 까닭이다.

최근 100년은 소비가 미덕임을 가르친 유일한 시대였다. 하지만 앞으로는 다시 절제의 미덕을 부르짖게 되지 않을까? 부富의 규모가 '전통 사회' 수준으로 줄어든다면 부족한 물자를 어떤 기준으로 나누게 될까? 신분과 농지는 '전통적인(?) 부의 분배 기준'이었다. 이런 잣대가 다시 등장하지 말라는 법이 없다. 칼 마르크스는 생산 양식이 사회를 결정짓는다고 했다. 그의 말은 21세기에도 들어맞는다.

미래를 읽는 책

로버트 라이시 지음, 오성호 옮김, 《부유한 노예》, 김영사, 2001
미우라 아츠시 지음, 이화성 옮김, 《하류 사회》, 씨앗을뿌리는사람, 2006
로버트 프랭크 · 필립 쿡 지음, 권영경 · 김양미 옮김, 《승자독식사회》, 웅진지식하우스, 2008

11

엘리트의 미래

'절대반지'의 공포를 이기는 길

한창 배고픈 시간, 작디작은 피자가 배달되어 왔다. 기다리던 사람들이 피자를 고루고루 나누어 먹으려면 어떻게 해야 할까? 윤리학자 존 롤스John Rawls가 비법을 일러 준다. "피자를 자르는 사람이 맨 마지막에 남는 조각을 먹게 하라." 조금이라도 큰 조각이 생기면 누군가 먼저 채 갈 테다. 그러니 피자를 자르는 사람은 최대한 공평하게 피자를 나눌 수밖에 없다.

정치도 마찬가지다. 누구라도 밑바닥까지 떨어질 수 있는 사회는 건강하다. 어떤 정책을 짜건 자기가 가장 불리한 처지에 놓일 때를 신경 써야 하기 때문이다. 이런 사회에서는 가장 힘없는 사람도 대접받는다.

100년 전까지만 해도 왕족이나 귀족은 절대 바닥까지 가서는 안 되는 존재였다. 이런 사람들이 힘을 쓰는 곳에서는 불평등이 오히려 당연했다. 피자를 나누어 먹는다 해도 혈통 좋은 이들의 몫이 더 커야 제대로 되었다고 생각했다. 설령 나머지 사람들이 굶어 죽는다 해도 말이다. 그러나 이제는 누구도 귀하게 태어났다는 이유만으로 특별 대우를 받진 못한다. 우리는 역사상 가장 공평한 시대를 살아가는 셈이다.

귀족은 왜 장사꾼을 싫어했을까?

그렇다면 언제부터 사회가 공평해졌을까? 경제학자 밀턴 프리드먼Milton Friedman은 상업이 발달하면서라고 말한다. 상업은 민주주의에서만 꽃피게 마련이다. 장사의 세계에서는 많이 번 사람이 '최고'로 인정받는다. 돈 앞에선 귀족과 평민의 구분이 없다. 따라서 상업이 발달한 곳에서는 왕과 귀족의 위치가 크게 흔들렸다.

평민이 귀족보다 더 부자라면 어땠을까? 명문가 아이들은 쫄쫄 굶는데 장사꾼 아이들은 비단옷을 입고 다녔다면? 체면 구긴 귀족들 기분이 좋을 리 없다. 그래서 핏줄 좋은 사람들은 틈만 나면 상인들을 내리누르려 했다. 근본도 없는 천한 것들이라면서 말이다. 그들에게는 신분 서열이 '사농공상士農工商'으로 되어야 마땅했다. 지식인, 농사꾼, 기술자, 상인의 순서로, 즉 장사치는 맨 밑바닥에 있어야 했다. 가장 높은 위치에 있는 사람들은 특히나 상인들이 커 나가는 모습을 두려워했다. 큰돈을 쥐게 되면 사람은 누구나 권력을 넘보게 마련인 까닭이다.

하지만 귀족에게는 상인이 필요했다. 장사가 잘되어 경기가 살아나야 세금도 많이 걷지 않겠는가. 그래서 상업에 뛰어난 유대인들은 끊임없이 귀족에게 휘둘렸다. 귀족들은 돈이 필요한 시기에는 유대인들을 도시로 끌어들였다. 시장을 키우기 위해서다. 그러다가 어느 정도 경제가 살아나면 또다시 유대인들을 내쫓았다. 왕과 귀족은 돈이 필요했지만 자기 위치가 흔들리는 것까지 원하지는 않았다.

'상공농사'의 시대, 보보스의 탄생

이제 사농공상의 시대는 저무는 중이다. 지금은 '상공농사商工農士'의 시대다. 비즈니스맨과 엔지니어가 현실 모르는 책상물림보다 훨씬 대접을 받는다. 중·고등학생들이 가장 전공하고 싶어 하는 학과가 경영학으로 굳어진 지도 꽤 되었다. 하물며 대통령이 "일자리 많이 만드는 사람이 애국자"라고 외쳐도 전혀 이상하게 느끼지 않는 세상이다.

밀턴 프리드먼의 말처럼 상업은 민주주의를 불러오고, 민주주의 발전은 상업 발달을 필요로 한다. 돈 앞에서는 모두가 평등한 세상인 셈이다. 누구라도 많은 돈을 움켜쥐기만 하면 귀족같이 떵떵거리며 살 수 있다.

그러나 돈이 많다고 자기 멋대로 살지는 못한다. 어느 재벌 회장이 교양 없고 사생활이 지저분하다는 소문이 돈다고 해 보자. 그러면 회사도 제대로 굴러가지 못한다. 누가 이미지 나쁜 기업의 물건을 사서 쓰려 하겠는가? 비즈니스는 '좋은 평가'와 '확실한 신용'을 먹고산다. 사람들은 천박하고 덜떨어진 상대와 거래하는 그 기업까지 질 나쁜 부류로 여긴다. 그러면 상품 판매량은 바닥을 친다. 요즘 사업가들이 하나같이 '윤리 경영'을 외치는 이유다. 상업 자체가 사람들을 도덕적으로 만드는 데 한몫하는 셈이다.

그런 맥락에선지 부자들의 모습도 점점 수수해지고 있다. 요새 부자들 세계에서는 이른바 '보보스bobos' 스타일이 대세다. 보보스란 부르주아bourgeois와 보헤미안Bohemian을 합친 말이다. 부르주아는 보통 돈 많고 전문 지식을 갖춘 사람들을 일컫는다. 보헤미안은 가진 것에 매이지 않고 자유롭게 떠도는 이들을 가리킨다.

지식과 창의성이 중요한 시대, 출세한 사람들은 자신의 부유함을 티 내려 하지 않는다. 게다가 그들 대부분은 젊은 시절 민주화 운동을 이끌었던

'68세대' 언저리 연배다. 따라서 자기 모습이 사람들에게 친근하고 서민적인 이미지로 보이기를 바란다. 이들은 부티 나는 데 돈을 쓰기보다는 은근하면서도 세련되게 자신의 부유함을 드러낸다. 값비싼 요트나 승용차 대신 산악자전거 한 대를 사는 데 수천 달러를 기꺼이 쓴다. 사무실 또한 소박하게 꾸린다. 아무리 CEO라 하더라도 정장보다 편한 복장을, 격식 차리는 대화보다 친근한 말투를 더 좋아한다. 나아가 명령과 복종보다는 친근함과 따뜻한 분위기를 중요하게 여긴다.

사람들도 '친밀한 권위intimate authority'를 지닌 지도자를 더 좋아한다. 장사는 많은 이의 마음을 끌어안고 보듬어야 성공하는 법이다. 이처럼 상공농사 시대의 지도자는 사농공상 때의 권위적 관료와는 큰 차이가 있다.

절대반지를 놓친다면? —'노바디'의 공포

하지만 상업이 지배하는 세계가, 민주주의가 큰 흐름이 된 시대가 바람직하기만 할까? 민주주의는 2,500년 전인 고대 그리스 시대에도 있었다. 그럼에도 인류 역사의 대부분은 왕과 귀족들이 다스렸다. 왜 그랬을까?

태어난 순간부터 자신의 처지가 결정되는 세상이 꼭 불행하지만은 않다. 미래가 불안할 까닭이 없으니까 말이다. 농부의 아들로 태어났다면 농사를 지으면 된다. 목공木工의 자식이라면 그 역시 목수로 살아갈 테다. 이미 어떻게 살지 정해졌으니, 그 길대로 인생을 오롯이 채워 나가면 된다. 이렇듯 세상의 모든 일은 너무도 분명했다.

민주주의 사회, 상업이 지배하는 세상에서는 상황이 다르다. 모두가 평등한 세상에서는 아버지가 무엇을 했건 상관없이 뭐든지 될 수 있다. 그러니 나는 끊임없이 미래를 고민하며 새로운 길을 헤쳐 나가야 한다. 이런 상황이 좋기도 하지만 반드시 그렇지는 않다. 조금이라도 휘청거렸다가는 나의 '신분'이 금세 바닥까지 추락할 테니까.

전통 사회에서는 누가 중요한 인물이고 아닌지가 분명했다. 그러나 상업이 지배하는 세상에서는 돈만 많으면 누구나 귀족같이 우러름을 받을 수 있다. 돈은 존 로널드 톨킨John Ronald Tolkien의 소설《반지의 제왕》에 나오는 절대반지와도 같다. 절대반지를 낀 사람은 엄청난 힘과 권력을 갖는다. 절대반지는 사람을 가리지 않는다. 이는 돈도 마찬가지다. 돈 역시 사람을 가리지 않는다. 돈만 많이 벌면 누구라도 엄청난 권력을 즐길 수 있다.

하지만 절대반지는 인생을 망가뜨린다. 반지를 갖고자 하는 욕심에 사람들의 마음은 일그러진다. 반지를 낀 사람도 마찬가지다. 반지를 빼앗기지 않을까 하는 두려움에 영혼은 늘 불안하고 초조하다. 돈도 그렇다. 모두가 평등한 세상인데도 사람들은 돈을 얻기 위해 노예보다 쫓기는 삶을 산다. 대접받던 사람이라도 재산을 잃거나 권력을 놓치면 순식간에 '노바디nobody'가 되어 버리는 탓이다.

보보스들은 자녀 교육에 죽기 살기로 매달린다. 옛날 귀족들은 별 노력을 하지 않아도 자신의 처지가 흔들리지 않았다. 그러나 지금은 사정이 다르다. 아무리 많은 재산을 가졌어도 그 모든 걸 순식간에 잃을 수 있다. 그러면 다시 '노바디'로 전락한다. 재산을 지키고 높은 지위를 이어 가려면 자식 또한 전문 지식을 지닌 엘리트가 되어야 한다. 서민들에게도 신분 상승을 위한 가장 좋은 방법은 높은 교육을 받고 전문 지식을 쌓는 것이다. 그래서 교육은 늘 과열 양상을 띤다. 누구에게나 고른 기회가 주어지지만

운이 좋아도…
경험이 많아도…
곱게 자라도…
능력이 뛰어나도…
누구라도 밑바닥까지 떨어질 수 있지……
NOBODY

모두들 조급하게 쫓기며 경쟁하는 모양새다. 이런 모습이 바람직하다고 할 수 있을까?

상인의 시대, 엘리트의 조건

사회학자 데이비드 리스먼David Riesman은 사회를 세 종류로 나눈다. 먼저 '전통 지향형tradition directed type'이 있다. 이 사회는 전통적 삶의 모습 그대로다. 할아버지, 아버지가 농부였으면 자신도 농부, 어부였으면 자신도 어부가 되는 식이다.

산업이 발달하고 인구가 늘면 전통 지향형 사회는 허물어진다. 사람이 많아져 내가 물려받을 자리가 부족해지는 까닭이다. 사람들은 일자리가 더 많은 곳을 찾아 옮겨 다닌다. 이때 세상은 '내적 지향형inner directed type'으로 바뀐다. 하는 일은 그때그때 달라진다. 그러나 무엇을 하건 성실하고 정직하며 근면한 사람이 성공하지 않던가. '성실하라', '정직해야 한다' 같은 도덕은 바뀌지 않는다. 그래서 사회는 도덕과 가치에 매달린다.

상인의 시대는 이마저 허물어뜨린다. 상업은 유행과 변화를 좇는다. 따라서 도덕과 윤리조차 사람들의 생각이 쏠리는 방향에 따라 금세 바뀐다. 순결과 헌신같이 남녀의 사랑에서 중요시되던 가치조차 그렇다. 상업 광고는 끊임없이 "쿨하게 생각해!"라고 외쳐 댄다.

그래서 상업이 지배하는 세상은 '타인 지향형other directed type' 사회다. 남들이 옳다고 여기는 게 곧 진리고 정의다. 세상살이는 늘 피곤하고 고단하다. 많은 재산을 모으고 떵떵거리려면 사람들 장단에 맞춰 살아가야 한다. 그렇게 자리를 잡아도 모든 것을 한순간에 잃을 수 있다. 반지를 잃은 골

룸처럼 말이다.

치열한 경쟁에서 한발 물러나 생각해 보자. 지금은 돈이 최고인 상인의 시대다. 그럼에도 엘리트의 조건은 돈에 있지 않다. 돈 많기로 따지자면 아랍의 석유 부자가 최고로 꼽힌다. 하지만 그들은 뛰어나고 본받을 만한 삶의 모델로 다가오지 않는다. 빌 게이츠, 안철수, 워런 버핏 등 이 시대의 존경받는 부자들은 단순히 돈이 많아서 우러름을 받는 게 아니다.

상업이 중시되는 시대에는 모든 것이 흔들리고 변화한다. 이익을 남기려면 세상의 변화를 잘 읽고 따라가야 한다. 그러나 시대를 여는 사람의 모습은 오히려 정반대다. 자기만의 소신과 믿음으로 새로운 길을 연다. 빌 게이츠는 하버드대를 뛰쳐나와 당시에는 무척 낯설던 컴퓨터에 매달렸다. 워런 버핏은 이익과 상관없이 가치 있는 기업의 주식을 사서 거기에 투자했다. 상인의 시대에 성공한 사람들은 하나같이 약속의 중요성, 정직, 헌신, 봉사 같은 도덕을 강조한다. 도덕에 대한 굳은 믿음과 확고한 가치관으로 세상을 열어 간 셈이다. 이들은 대부분 돈이나 재산 자체를 목적으로 삼지는 않는다. 자신이 원하는 길을 가니 돈도 저절로 생긴 모양새다.

상공농사의 시대, 세상의 관심은 온통 돈 되는 기술과 지식에만 쏠려 있다. '경쟁력'은 인생의 가장 큰 목표처럼 되어 버렸다. 그러나 진짜 경쟁력은 오히려 줏대 있는 삶에서 나오지 않을까? 상공농사의 시대에 품격 있는 지도자가 되려면 지식인의 지혜와 도덕성을 갖춘 비즈니스맨이 되어야 하지 않을까?

21세기에 가장 주목받는 과학은 심리학

옛 현인賢人들은 현실 문제의 답을 역사에서 찾았다. 인류는 늘 "오래된 미래"를 살아 왔기 때문이다. 누구에게나 미래는 아버지와 할아버지의 삶, 할아버지의 할아버지의 삶과 별로 다르지 않았다. 사회 발전이 무척 더뎠던 탓이다.

산업 혁명 이후로 모든 것이 달라졌다. 할아버지의 인생과 나의 삶은, 아니 10년 전 생활과 지금의 현실은 천지개벽을 한 듯 다르다. 지도자에게 필요한 능력도 당연히 달라졌다. 예전에는 과거에 대한 해박한 지식을 '지혜'로 여겼다. 지금은 '예언의 능력'이 곧 지혜다. 빠른 결단 능력도 중요하다.

그렇다면 '미래를 보는 눈'은 어떻게 얻어질까? 민주주의의 시대, 미래는 많은 사람이 원하는 곳에 있다. 시장은 소비자를 중심으로 돌아가고, 정치는 유권자의 표에 따라 굴러간다. 사람의 마음을 놓치면 아무것도 못하는 시대다. 심리학은 19세기에 태어난 젊은 학문이다. 그리고 21세기에 가장 주목받는 '과학'이기도 하다. 지도자가 되고 싶다면 심리학에 주목할 일이다.

미래를 읽는 책

데이비드 리스먼 지음, 이상률 옮김, 《고독한 군중》, 문예출판사, 1999
데이비드 브룩스 지음, 형선호 옮김, 《보보스-디지털 시대의 엘리트》, 동방미디어, 2001
밀턴 프리드먼 지음, 심준보 · 변동열 옮김, 《자본주의와 자유》, 청어람미디어, 2007

3

공짜를 위한 무한 경쟁?
—변화하는 경제 체제를 말하다

금융 위기는 이제 놀랄 만한 소식도 아니다. 주가 폭락과 금융 시장 붕괴는 세계 곳곳에서 벌어지고 있다. 자본주의는 '상시(常時) 위기' 속에 빠져 있다. 자본주의의 역사는 짧지 않다. 돈을 빌리고 굴리려면 신용이 꼭 필요하다. 화폐는 종잇조각에 지나지 않는다. 화폐가 상품을 대신해 가치를 지닐 만큼 신용이 쌓이기까지는 수백 년의 세월이 필요했다.

그러나 화폐가 금(金)이라는 '담보' 없이 그 자체로 가치를 갖고 통용된 지는 불과 50여 년밖에 되지 않았다. 1971년 미국 정부가 달러화 금 태환 정책을 포기한 이후다. 예전에는 '원칙적으로' 화폐를 금으로 바꿀 수 있었다. 그러나 지금은 아니다. 지금의 화폐 체계는 오로지 '신용'만으로 굴러간다. 그러나 신용도 천연자원처럼 고갈될 수 있다. 지난 역사 속에서 인류는 지금처럼 엄청나게 불어난 경제를 감당할 만큼 신용을 충분히 쌓아 놓았을까?

3부에서는 경제와 재산에 대한 물음을 던진다. 공짜, 기본 소득제, 돈, 경쟁, 근무 시간, 부동산. 이 여섯 가지 테마가 자본주의가 아닌 방식으로도 경제가 잘 굴러가리라는 희망을 우리에게 안겨 주었으면 좋겠다.

12

공짜의 미래

'디지털 공산주의'는 가능할까?

인터넷에는 공짜가 너무나 많다. 검색 엔진이나 이메일 제공은 '당연한 공짜'처럼 되어 버렸다. 심심하면 공짜 온라인 게임을 하고, 무료 워드 프로세서로 숙제도 한다. 조금만 품을 팔면 최신 영화까지 내려받는다. 무료로 얻을 수 있는 인기 가수의 음원도 적지 않다.

하지만 인터넷에서 쉽게 구하는 요긴한 콘텐츠들을 만드는 데는 엄청난 돈과 노력이 들어간다. 관리하는 데도 적잖은 비용이 들어갈 테다. 어떻게 인터넷 회사들은 이 모든 것을 무료로 서비스할 수 있을까? 세상에 공짜 점심은 없는 법이다. 공짜라지만 반드시 대가가 있다. 그럼에도 서비스의 대가를 지불하라고 손 내미는 곳은 별로 없다. 도대체 그들은 어디서 수입을 얻고 있을까?

공짜 점심은 어떻게 가능할까?

경제학자 크리스 앤더슨Chris Anderson은 《프리》에서 '원자 경제'와 '비트bit, 인터넷에서 정보량을 재는 단위 경제'로 인터넷 세상을 설명한다. 재료를 사고 인부를 부리며 상품을 만들어 파는 우리의 생활은 '원자 경제'에 해당한다. 여기서는 무엇을 하건 돈이 들어간다. 재료를 사는 데도 돈이 필요하고 사람을 쓰고 물건을 보내는 데도 돈이 든다.

비트 경제에서는 사정이 다르다. 비트 경제란 인터넷 등 컴퓨터로 이루어지는 경제를 말한다. 내가 쓰는 워드 프로세서 프로그램을 다른 이에게 복제해 주었다고 치자. 그렇다고 워드 프로세서의 성능이 떨어질까? 수십만 번을 복제해도 프로그램이 닳아 없어지진 않는다. 또한 이메일로 컴퓨터 프로그램을 나눠 주는 데도 돈은 거의 들지 않는다.

하드웨어 가격도 빠르게 떨어지고 있다. 1961년 트랜지스터 하나의 가격은 10달러 정도였지만, 2년 뒤에는 5달러로 떨어졌고, 1968년에는 1달러까지 내려갔다. 오늘날 최신 컴퓨터 칩 하나는 트랜지스터 20억 개 분량과 맞먹는다. 돈으로 따지면 현대에는 트랜지스터 하나 가격이 0.000015센트인 셈이다.

한편 인터넷에서 데이터를 보내는 속도도 9개월마다 두 배씩 빨라지고 있다. 그러면서도 가격은 절반 정도로 내려간다. 개발 비용이 싸지니 서비스 비용도 점점 내려갈 수밖에 없다. 치열한 경쟁은 가격을 더욱 떨어뜨린다. 경쟁에서 이기려면 상대가 100원을 부를 때 나는 90원을 외쳐야 한다. 그러다 보면 물건 값은 생산에 드는 돈과 비슷해질 때까지 내려간다.

비트 경제에서 가격이 '0원'까지 떨어져 버리는 이유가 여기 있다. 크리스 앤더슨은 공짜와 1원의 차이는 아주 크다고 말한다. 자료를 내려받을 때마다 1원을 받는 사이트가 있다고 해 보자. 다른 곳에서는 무료로 자료를 받을 수 있다. 사실 1원과 0원은 별 차이가 없는 돈이다. 그런데도 사람들은 공짜로 내려받을 수 있는 곳으로 몰린다. 1원이 아까워서라기보다는 값을 치르는 데 따르는 절차가 귀찮은 탓이 크다. 어차피 인터넷에서 콘텐츠를 올리고 나누어 주는 데는 거의 돈이 들지 않는다. 가격이 0원으로 떨어지는 것은 시간문제다. 그래서 크리스 앤더슨은 이렇게 말한다. "공짜는 선택이 아니라 피하지 못할 종착점이다."

광고, 버저닝, 해적질 – 공짜로 돈을 버는 법

그럼에도 크리스 앤더슨의 친절한 설명은 고개를 갸웃거리게 만든다. 공들여 만든 콘텐츠를 0원에 판다면 숱한 직원들 봉급은 어떻게 마련한단 말인가? 가격이 마구 떨어진다곤 해도 장비를 사고 관리하려면 여전히 큰돈이 들어간다. 공짜로 나누어 주기만 한다면 회사 운영에 드는 돈은 어디서 구한단 말인가?

사실 공짜로 제공하면서도 돈 버는 방법은 여러 가지가 있다. 예컨대 라디오나 텔레비전은 오래전부터 '무료'로 듣고 볼 수 있었다. 방송사들이 광고를 통해 수입을 얻기 때문이다. 사람들이 더 많이 보고 들을수록 방송사는 광고료를 더 많이 챙긴다. 이때 '공짜'는 시청자를 끌어들이는 더없이 좋은 방법이다.

'버저닝versioning'도 공짜에서 돈을 짜내는 방법이다. 버저닝이란 기본 콘텐츠는 누구나 무료로 다운받을 수 있게 하고, 좀 더 나은 서비스를 받고 싶은 이들에게만 돈을 받는 것을 말한다. 개인한테는 무료로 나눠 주고 기업에만 돈을 받는 콘텐츠, 일정 기간만 무료로 사용하고 그다음에는 돈을 내야 쓸 수 있는 콘텐츠 등이 여기에 해당한다.

인터넷 업계에서는 '5퍼센트 법칙'이 널리 통한다. 돈을 내고 쓰는 5퍼센트의 사용자 덕에 나머지 95퍼센트가 무료로 콘텐츠를 이용한다는 뜻이다. 크리스 앤더슨은 이를 '롱테일 모델'이라고 부른다. 이는 많은 사람이 몇몇 기능만 사용하는 반면, 몇몇 사람은 많은 기능을 사용하는 상태를 말한다. 많은 기능을 사용하는 소수의 사람들이 내는 이용료 덕에 몇몇 기능만 사용하는 다수는 무료로 프로그램을 쓸 수 있다.

심지어 불법 복제 같은 '인터넷 해적질piracy'을 되레 부추겨 돈을 벌기도 한다. 예를 들어 음원 불법 복제는 예전부터 큰 골칫거리였다. 그러나 어떤 가수는 자기 음악을 인터넷에 공짜로 공개하곤 한다. 중국 등지에서 불법 복제가 일어나도 적극 대응하지 않는다. 오히려 무단 복제가 널리 퍼지도록 은근히 부추기기까지 한다. 그렇다면 이들은 어디서 수입을 얻을까?

이들의 진짜 소득은 콘서트와 공연에서 나온다. 자기 음악이 널리 퍼지고 알려지면 콘서트 때 표 값도 비싸게 받을 수 있다. 사람들이 자기 노래를 더 많이 기억할수록 광고 모델 등으로 또 다른 수입을 얻기도 쉬워진다.

'공짜'라는 방식을 이용해 돈 버는 법은 나날이 많아지고 있다. 포털 사이트는 사람들의 검색 결과를 연구해 기업에 팔기도 한다. 어떤 부류 사람들이 어느 정보에 관심 있는지는 기업에 더없이 매력적인 정보다. 사람들이 '무료'로 더 많은 정보를 검색할수록 포털 사이트는 기업에 더 비싼 가격으로 그 정보를 팔 수 있게 되는 셈이다. 컴퓨터 프로그램과 정보는 점점 공짜가 되어 간다. 그러나 기업은 여기에서 이익을 이끌어 낸다. "공짜 점심은 없다."라는 진리는 인터넷 세상에서도 여전히 통한다.

그러나 이익이 없다?

그런데도 인터넷 사업은 좀처럼 돈이 되지 않는다. 물론 '구글Google' 같은 회사는 '공짜'라는 방식으로 매년 엄청난 수입을 올리지만, 대부분의 기업은 그렇지 않다. 왜일까? 인터넷에서는 '네트워크 효과'가 크게 작용한다. 사람들이 많이 쓰는 콘텐츠는 사용하기가 편하다. 같은 사이트 회원끼리는 데이터도 쉽게 주고받는다. 사용자가 많으니 프로그램 개발도 빨리 이루어진다. 그러므로 문제가 생기더라도 해결 방법이 여기저기서 튀어나온다.

하지만 몇몇 소수의 사람만 쓰는 프로그램은 어떨까? 아무리 요긴하게 쓰고 있다 해도 사용자가 적으면 불편한 점이 한두 가지가 아니다. 이용자가 많지 않으니 새로운 데이터를 얻기도 어렵고, 회사로서도 프로그램 꾸릴 돈을 마련하기가 쉽지 않다. 그래서 사람들은 이용자가 많은 쪽으로 끊임없이 몰려간다. 이처럼 네트워크 효과란 프로그램이나 콘텐츠가 더 많이 사용될수록 더 많은 이용자가 모이는 현상을 말한다.

일단 사람들이 몰려들면 '공짜'라는 방식을 통해 큰 이익을 얻을 수 있다. 인터넷 무료 백과사전인 '위키피디아'에 요긴한 정보를 올리는 사람은 방문자 1만 명 중 한 명꼴이다. 숫자로 보자면 0.0001퍼센트에 지나지 않는다. 하지만 이용자가 1,000만 명이라면 어떨까? 위키피디아에 요긴한 정보를 올리는 '기자'가 무려 1,000명이나 있는 셈이다.

무료 이용자가 많을수록 돈을 내는 사람도 늘어날 것이다. 값싼 인스턴트커피를 찾는 사람이 늘어나면 비싼 테이크아웃 커피 전문점도 함께 늘어나지 않던가. 구글같이 무료 이용자가 수십억 명에 이르는 사이트는 유료 콘텐츠들을 끼워 팔면서 돈을 끌어모은다.

하지만 돈이 될 만한 '규모'로 인터넷 사이트나 프로그램을 키우기란 여간 어렵지 않다. 숱하게 많은 인터넷 신문사가 한숨을 내쉬는 이유가 여기 있다. 그럼에도 '공짜'를 포기할 수는 없다. 사람들을 모으는 데 이만 한 게 없어서다. 또 어떻게든 규모를 키우지 않으면 살아남지도 못한다.

이 점은 요즘 큰 인기를 얻는 '유튜브YouTube'나 '트위터twitter', '페이스북facebook'도 마찬가지다. 이런 사이트는 사람들을 불러 모으는 데는 성공했다. 하지만 어떻게 돈을 벌지에 대해서는 좀 더 고민이 필요하다. 예컨대 트위터에 글을 올릴 때마다 광고가 따라붙는다면 어떨까? 친구와 무료 메신저로 대화하는 데 광고가 계속 끼어든다면? 오히려 사람들은 그 제품에 짜증을 내게 될지 모른다. 그러니 여기에 비싼 돈을 주고 광고를 내려는 기업은 별로 없을 테다. 버저닝도 쉽지 않다. 돈을 받기 시작하면 곧 비슷한 고급 기능을 무료로 나누어 주는 사이트가 생겨날 테고, 그러면 애써 모은 이용자들이 금방 흩어져 버린다. 대부분의 인터넷 기업들은 지금도 공짜와의 힘겨운 싸움으로 허덕이고 있다.

마르크스의 승리?

100여 년 전 칼 마르크스는 "세상에는 결국 힘센 기업 몇몇만 살아남게 될 것"이라고 예언했다. 지금 인터넷 세상의 모습은 마르크스의 말대로 되어 가는 듯싶다. 구글은 유튜브를 집어삼키더니 이젠 휴대 전화 사업까지 나아간 상태다. 작은 인터넷 기업들은 하나둘씩 더 큰 회사에 밀려 사라지고 있다.

가장 강한 기업만 살아남는다면 사용자들은 더 이상 다른 것을 고를 기회를 잃게 된다. 그러면 기업은 '공짜'를 없애고 자기 멋대로 비싸게 가격

분명히 내 예측대로 힘센 기업 몇몇만 살아남는 분위기인데 왜 공짜가 사라지지 않지?
이건 오히려 공산주의에 더 가까운데…
아 헷갈려…

을 올려 버릴지 모른다.

하지만 마르크스의 말은 절반만 맞는 듯싶다. 마르크스는 가난한 자들이 아무것도 누리지 못하게 될까 봐 걱정했다. 그런데 오늘날 인터넷 세상에서는 가난한 사람도 '공짜'를 마음껏 누리고 있다. 게다가 구글 같은 회사가 아무리 커진다 해도 지금의 공짜 콘텐츠들까지 돈을 내고 이용하라고 할 것 같지는 않다.

현실에서 기업을 세우는 데는 엄청난 돈과 품이 든다. 그래서 거대 기업이 생기면 그 외 나머지 기업은 거기에 맞설 엄두를 내지 못한다. 그러나 인터넷에서는 다르다. 아이디어만 좋으면 자그마한 개인 블로그가 대기업 사이트보다 더 큰 인기를 누린다. 이 때문에 인터넷에서는 아무리 큰 기업도 절대 사람들을 얕보거나 함부로 대하기 어렵다. 인기를 얻고 잃는 것은 한순간이기 때문이다.

인터넷 공간에서는 사람들의 관심과 명성이 돈보다 중요하다. 사람들의 관심을 많이 끌어야 검색 순위에서도 위쪽에 놓인다. 돈을 버는 건 그다음 문제다. 일단 사람들에게 관심과 인정을 받아야 돈이 될 만큼의 '규모'를 이루지 않겠는가. 이 점에서 인터넷 공간은 기본적으로 돈보다는 사람이 중요하게 대접받는 구조로 되어 있다.

마르크스는 "모두가 평등하며 필요한 만큼 쓰고 능력만큼 일하는" 사회를 꿈꾸었다. 그는 이런 세상을 향한 꿈을 '공산주의'라고 불렀다. 인터넷 세상은 마르크스가 바랐던 모습과 묘하게 비슷하다. 인터넷에 접속하면 누구라도 무료로 널린 프로그램을 필요한 만큼 '평등하게' 쓸 수 있다. 돈을 지불할 능력이 있고 자신에게 꼭 필요하다면 유료 회원이 되어 더 좋은 서비스를 이용하기도 할 테다.

이 점에서 인터넷 공간은 점점 더 '디지털 공산주의' 사회가 되어 가는 듯싶다. 하지만 현실은 늘 희망했던 것과 달랐다는 점도 잊어선 안 된다. 옛 소련처럼 한때 공산주의의 이상을 꿈꾸던 나라들은 부패와 게으름으로 무너져 버렸다. 공짜가 지배하는 인터넷 세상에서도 마찬가지 문제가 생기지 않을까? 무료 서비스가 새로운 발명과 혁신을 향한 마음을 좀먹는다는 걱정이 가시지 않는 요즘이다.

불, 바퀴, 인쇄술은 인류 문명을 크게 바꾸어 놓았다. 인터넷은 이보다 더 크게 문명을 바꾸어 놓고 있다. 인터넷이 열어 가는 '공짜 경제'는 과연 디지털 공산주의를 이루어 낼 수 있을까? 걱정 반 기대 반이다.

오병이어의 기적, '품앗이 경제'는 어때요?

예수는 빵 다섯 덩어리와 물고기 두 마리로 5,000명의 배를 채웠다. 이른바 '오병이어五餠二魚의 기적'이다. 예수는 사람들을 50명, 100명 단위로 앉혔다. 그리고 빵과 물고기를 먹였다. 굳이 '기적'을 부리지 않더라도, 이런 상황을 만든다면 빵 다섯 개와 물고기 두 마리로 5,000명이 먹을 수도 있지 않을까.

모두가 배고픈 상황이고 주변은 낯모르는 사람들로 가득할 때 사람들은 자신이 가진 음식을 숨긴다. '혼자 먹는 미안함 반, 나눠 주다 보면 음식이 금방 사라지지 않을까 하는 두려움 반'에서다. 그러나 인원이 적다면 어떨까? 주섬주섬 가진 것을 내놓기 시작할 테다. 나눠 먹는 분위기가 되면 다들 자기가 가진 것을 하나둘 내놓는다. 얻어먹으면 뭔가 돌려주고 싶은 인지상정 때문이다. '5,000명을 먹이고도 열두 광주리가 남는 기적'은 현실에서 이런 식으로 '재현'이 가능하다.

우리의 '품앗이'도 비슷하지 않을까? 품앗이는 '계약 노동'이 아니다. 서로를 잘 아는 공동체 안에서 자연스럽게 이뤄지는 '상호 부조'다. 우리 시대는 큰 경제, 넓은 시장을 향해 나아간다. 이런 상황에서 품앗이는 일어나지 않는다. 반면 마을 단위에선 어떨까? 돈과 계약보다 정情과 나눔이 뿌리가 되는 '작은 경제'는 정말 불가능한 꿈일까? 트위터 등 SNS를 이용해 품앗이 경제를 꾸릴 방법은 없을까?

미래를 읽는 책

이진경 지음, 《자본을 넘어선 자본》, 그린비, 2004
크리스 앤더슨 지음, 정준희 옮김, 《프리》, 랜덤하우스코리아, 2009
켄 올레타 지음, 김우열 옮김, 《구글드: 우리가 알던 세상의 종말》, 타임비즈, 2010

13

소득의 미래

기본 소득제, 되살아나는 빵과 서커스?

16세기 프랑스 귀부인이라면 누구나 애인이 한두 명쯤 있었다. "애인을 가구 들여놓듯이 했다."라는 말이 있을 정도로 그들은 별 고민 없이 애인을 구했고 쉽게 바꿨다. 그런 까닭에 백작 부인이나 공작 부인의 사랑이 문학의 주된 소재가 되곤 했다.

연애만을 위한 연애, 순간의 감정을 좇는 사랑이 과연 행복할까? 절절했다 해도 그러한 감정은 결국 '불륜'이었을 뿐이다. 차라리 처음부터 마음에 맞는 사람과 결혼하는 게 낫지 않았을까? 평생 이 사람 저 사람 찾아 헤매느니 말이다.

실제로 결혼은 귀족 신분을 지키는 가장 확실한 '계약'이었다. 신분 차별이 뚜렷하던 시절, 아무리 돈 많고 잘생겼어도 출신 성분이 나쁘면 좋은 대접을 받지 못했다. 재산 많은 사람은 족보가 화려한 집안을, 쪼들리는 명문가는 돈 많은 후원자를 찾아 짝을 맺었다. 돈과 신분을 잃는다면 연애가 다 무슨 소용인가. 당시 사람들 생각은 그랬다. 사랑은 항상 뒤안길로 밀려났다.

낭비하라! 우러름을 받으려면

그런데 '신세계'였던 미국은 유럽과 달랐다. 아메리카 대륙에서 신분 따위는 장식품에 지나지 않았다. 귀족이라는 족보가 허허벌판에서 무슨 의미가 있겠는가. 얼마나 가치 있는 사람인지는 능력과 돈으로 가려졌다. 개도 밥 주는 사람에게 꼬리를 흔드는 법, 사람도 결국 자기 생계를 책임져 주는 이를 우러러보게 되어 있다.

'새로운 세계'에서는 돈이 곧 신분이고 위대함을 가늠하는 잣대였다. 사람들은 악착같이 돈을 벌었고 그렇게 쌓은 재산을 거들먹거리며 자랑했다. 20세기 직전까지도 미국의 부자들은 꽤나 천박했던 모양이다. 100달러짜리 지폐에 담배를 말아서 피우는 졸부도 있었단다. 단지 자기가 얼마나 돈이 많은지 보여 주기 위해서라나. 경제학자 소스타인 베블런Thorstein B. Veblen의 《유한 계급론》은 그 무렵인 1899년에 나왔다.

존 D. 록펠러
그는 위대한 사람이다.
쓰다 남은 잔돈 전부를
시카고 대학교에 기부한다.

시카고 대학교 학생들이 즐겨 부르던 노래란다. 시카고 대학교를 세운 석유왕 록펠러는 대학을 굴리는 자금이 쓰고 남은 '잔돈'일 정도로 큰 부자였다. 그런데 록펠러가 초석을 닦은 이러한 기부 문화를 계기로 미국 사회는 졸부 근성에서 조금씩 벗어나기 시작했다. 기부와 고상한 취미 생활로 자신의 부유함을 자랑하게 된 것이다.

기부해도 X랄이야.
과시적 소비!
어이 속물!
툭
록펠러
베블런
뉴요쿠일보
록펠러 통큰 기부
남은 잔돈으로 시카고대 설립
CHA

베블런은 이를 "과시적 소비"라 불렀다. 은수저가 알루미늄 수저보다 더 쓰기 편하지는 않다. 그럼에도 당시 사람들은 은으로 된 식기를 원했다. 좋은 물건은 쓸모보다 가격으로 평가받았다. 비싼 것일수록 부유함을 과시하는 데 제격이었기 때문이다. 이처럼 사람들은 자기 형편을 자랑하기 위해 생계와 상관없는 부분에 돈을 펑펑 써 댔다. 기부는 재산을 자랑하는 좀 더 고상한 방법이었다. 부자임을 드러내는 데다 고결한 마음까지 보여 줄 수 있었으니 말이다.

그들은 벌이와 상관없는 공부나 취미도 중요하게 여겼다. 이른바 "과시적 여가"다. 라틴어, 그리스어, 철학 등은 돈 버는 데 직접 도움이 안 된다. 바이올린, 피아노, 그림 그리기 같은 취미를 익히는 데도 적잖은 투자가 필요하다. 웬만큼 쌓아 놓은 재산이 없으면 엄두도 내기 어렵다.

고상한 취미는 '중산층의 스탠더드'로 굳어졌다. 무리가 되더라도 사람들은 '품위 유지'를 위해 자녀에게 운동과 악기 연주를 가르쳤다. 이를 가리켜 베블런은 "벌이 대부분이 과시적 소비와 여가에 쓰인다."라며 꼬집었다. 하긴 낯 세우기와 교육 과소비로 허리가 휜다는 점은 베블런의 시대나 지금이나 크게 다르지 않다.

중산층 스탠더드의 현주소

어느 시대에나 '시민 진입 비용'이 있다. 제대로 된 시민이라면 최소한의 재산을 갖추어야 한다는 뜻이다. 고대 그리스에서 진정한 시민으로 대접받으려면 팔랑크스phalanx, 갑옷을 입고 창과 방패를 든 보병대에 들어가야 했다. 방패와 갑옷, 무기는 병사 개인 부담이었다. 모든 시민이 군인이 되던 시대, 적어도 이 정도는 스스로 해결해야 사회생활을 꾸려 갈 수 있었다.

세계 대공황이 세상을 휩쓸던 1930년대에도 그랬다. 무엇보다 먹고사는 일이 다급한 집이 한둘이 아니었다. 그런데도 사람들은 '사치품'을 줄이기보다는 식료품비를 아꼈다. 낡은 교복이 부끄러워 학교 못 가는 아이의 심정과 비슷하게 그 시대엔 사치도 필수였던 것이다.

하지만 무시당하지 않는 중산층으로 살아가기란 결코 쉬운 일이 아니다. 우리 사회의 '중산층 스탠더드'만 해도 진입이 만만찮다. 안정되고 탄탄한 직장, 30평대 이상 아파트, 중형 자동차, 번듯한 대학을 나온 부부가 자녀를 둘쯤 둔 가정. 괜찮게 산다고 꼽을 만한 조건을 추리면 대강 이 정도가 될 듯싶다.

요즘 수도권에서 1억 원 이하로 구입할 수 있는 아파트는 거의 없다. 평범한 직장인이라면 10년 넘게 벌어야 겨우 마련할 수준이다. 대학 학비가 1년에 1,000만 원을 훌쩍 넘는 경우도 많다. 어디 그뿐인가. 골프나 해외여행 같은 '중산층 여가 생활'에는 아찔할 만큼 돈이 들어간다. 반면 번듯한 직장을 구하기는 점점 어려워진다. '88만원 세대'나 '700유로 세대'라는 말이 더는 낯설지 않다. 엄청난 교육비를 들여 학교를 다녀 봤자 젊은이들에게 주어지는 건 형편없는 월급과 허드렛일뿐이다. 업무가 전산화되고 기계화되면서 일자리가 줄어드는 까닭이다.

경제 발전-일자리 증가-소득 증대-중산층 확산으로 이어지던 구도는 이미 무너졌다. 경제가 어떻게 돌아가건 보통 사람이 중산층에 진입할 가능성은 점점 낮아진다. 그 탓에 어느 사회에서나 취업 포기자와 은둔형 외톨이가 늘어 간다.

'빵과 서커스'의 부활? —기본 소득제

고대 로마에서도 일거리는 턱없이 부족했다. 세계 각지에서 온갖 사치품과 돈이 몰려들어 귀족들은 환호성을 질렀지만 일반 시민들과는 별 상관이 없는 이야기였다. 값싼 수입품들로 오히려 일자리만 줄었을 뿐이다. 넘쳐 나는 실업자와 늘어 가는 호화 주택, 빈부 격차는 나날이 심해졌다.

고대 로마 공화정 시대의 실질적 지배 기관이던 원로원은 그 해결책으로 '빵과 서커스'를 제시했다. 우선 모든 시민에게 한 달에 30킬로그램씩 밀을 나눠 주었다. 기본 생계가 해결되면 사회에 대한 불만이 잦아들게 마련이다. 하지만 한가하면 딴생각이 찾아든다. 이를 막기 위해 부자들은 엄청난 돈을 사회에 기부했고, 그 돈으로 거의 매일 검투사 시합과 마차 경기가 벌어졌다. 이른바 '서커스'가 제공된 것이다. 이렇듯 로마의 지배 세력은 '빵과 서커스'로 불안한 사회를 잠재웠다.

현대에도 비슷한 시도가 이루어진다. 예컨대 브라질에서는 2003년부터 '볼사 파밀리아Bolsa Familia'라는 빈곤층 생계 수당 지급 프로그램을 실시하고 있다. 정부가 국민에게 직접 '봉급'을 주는 제도다. 유럽에서도 이를 도입할지 말지를 놓고 진지한 논쟁이 벌어지고 있단다. '기본 소득제Basic Income'라 불리는 이 제도가 실시되면 일정한 소득이 없는 모든 국민은 정부로부터 생계비를 받는다. 일자리가 줄어들면 경제도 무너진다. 물건을 살 사람이 없어지는 탓이다. 그런데 기업과 부자들에게서 거둔 세금을 모두에게 골고루 나눠 준다면 '소비자'는 줄지 않을 것이다. 현대판 '빵 배급제'인 셈이다.

기본 소득제가 널리 퍼진다면 자연스레 '시민 진입 비용'에도 변화가 올

것이다. '노동할 의무'보다 '소비할 권리'가 더 중요해진 세상, 사람들의 삶은 과연 어떻게 바뀔까?

필요한 만큼 일하고 능력만큼 쓰는 사회

지금은 어지간하면 서민들도 수백 년 전 왕보다 나은 삶을 산다. 매일 더운물로 샤워를 하고, 고기반찬을 먹는 일도 우리에겐 별로 특별하지 않다. 고속버스 표만 끊으면 수백 킬로미터를 편안하게 앉아서 간다. 예전에는 왕에게나 가능했을 법한 일들이다.

지난 역사를 되돌아볼 때, 현재 인류는 가장 부유하고 행복한 시대를 살고 있는 듯하다. 기본 소득제로 삶의 질이 유지된다면, 우리는 계속해서 예전의 왕후장상만큼이나 넉넉하게 살 테다. 의무 교육도 고등학교까지 확대되는 추세다. 인류는 교육의 정도에서도 역사상 최고 수준이다.

"능력만큼 일하고 필요한 만큼 쓰는 사회", 마르크스가 꿈꿨던 이상 사회다. 필요한 만큼 쓴다는 점에서는 마르크스의 꿈에 비슷하게 다가간 셈이다. 과시적 소비를 꿈꾸지 않는 한 최소한의 품위까지 잃을까 봐 전전긍긍하지 않아도 된다.

반면 '능력만큼 일한다'라는 바람은 여전히 진행형이다. 일하지 않아도 기본 생활은 보장되지만 아무리 노력해도 그 이상으로는 살 수 없는 사회. 마르크스의 꿈은 여기서 뒤집힌다. 결국 우리는 "필요한 만큼 일하고 능력만큼 쓰는 사회"로 나아가고 있다. 신분과 부유함이 아닌, 위대한 사람을 가려 낼 새로운 잣대는 과연 무엇일까?

우리 시대에 가장 '정상적인' 삶의 모델은?

모든 시대에는 그 나름의 '인생 표준 모델'이 있었다. 예컨대 조선 시대 선비들은 공자나 주자 같은 삶을 꿈꿨다. 기독교 문화권에서는 '예수의 삶'을 모범적으로 꼽는다. 힌두교도들 사이에서는 아예 '인생 진도표'라는 게 있다. 그들은 일흔 살이 되면 가진 것을 모두 나눠 주고 탁발托鉢하는 삶을 최고로 여긴다.

인생 표준 모델은 사람들이 예의와 염치를 차리도록 다잡아 준다. 게으르거나 욕심 부리면 '막돼먹은 자'로 손가락질을 받을 테니까 말이다. 그럼 우리 시대에도 인생 표준 모델이 있는가?

"부자 되세요!"라는 말이 욕이 되지 않는 시대다. 사람들은 양껏 욕심을 좇는다. 반면 실패하는 삶을 살아도 수치를 느끼지 않는다. "힘든 자를 돕는 것은 국가와 사회가 마땅히 해야 할 일"이라면서 말이다.

경제 발전은 결코 경제 문제를 풀어내지 못한다. 얼마나 이루건 간에 사람들은 본능적으로 '더 많은 것'을 바란다. 경제 문제를 제대로 해결하려면 '정상적인 삶의 모델'부터 분명히 해야 하지 않을까? 충족의 '기준'이 없으면 절제와 만족은 자리 잡기 어렵다.

미래를 읽는 책

소스타인 베블런 지음, 원용찬 풀어씀, 《유한계급론》, 살림, 2007
로버트 L. 하일브로너 지음, 장상환 옮김, 《세속의 철학자들》, 이마고, 2008

14

돈의 미래

펀드를 넘어 부조와 나눔으로

지폐를 꼼꼼히 살펴보자. 1,000원, 5,000원, 10,000원, 50,000원, 무엇이든 괜찮다. 거기 어디에 '돈'이라고 적혔는가? 물론 그렇지 않다. '한국은행'이라고 적혔을 뿐이다. 왜 돈은 '은행권'일까? 여기에는 지폐의 오랜 역사가 숨어 있다.

지폐는 원래 보관증이었다?

원래 진짜 돈은 금金이었다. 그러나 금은 무겁고 잃어버릴 위험도 크다. 그래서 사람들은 금을 은행에 맡기곤 '보관 확인증'을 받았다. 그런데 사람들은 굳이 은행에서 금을 찾아 쓸 필요가 없었다. 어차피 보관증만 있으면 언제든지 찾을 수 있었으니까. 그래서 물건을 사고팔 때도 금 대신 보관증이 오갔다. 보관증이던 은행권이 화폐로 굳어진 배경이다.

그러자 약삭빠른 은행들이 꼼수를 부리기 시작했다. 실제 보관된 금보다 훨씬 많은 보관증을 발행한 것이다. 모든 은행 고객이 금을 한꺼번에 동시에 찾아가는 일은 거의 없다. 따라서 은행은 더 많은 보관증을 만들어 필요한 이들에게 빌려 주었다. 그러곤 금을 빌려 줄 때만큼의 이자를 꼬박꼬박 챙겨 받았다.

이러한 은행의 사기 행각(?)이 밝혀지기까지는 오래 걸리지 않았다. 그럼에도 보관증은 여전히 화폐로 잘 쓰였다. 은행에서 가장 많은 돈을 빌린 이는 '국가'다. 국가가 빚지고 도망칠 리는 없지 않은가. 세월이 흐르자, 은행은 금 한 조각 없이도 은행권을 발행할 수 있었다. 사람들이 화폐 자체를 가치 있는 것으로 믿게 되었기 때문이다. 1694년 잉글랜드 은행이 만들어진 이후 종이돈이 금을 몰아내기까지 긴 세월이 걸렸다.

돈은 노예나 포로가 만지는 것

사실 돈의 역사는 훨씬 더 길다. 트로이 전쟁이 벌어진, 신화에 가까운 시절에도 금화가 돌아다녔다. 우리나라에서도 고조선 시대에 이미 '자모전子母錢'이라는 화폐가 쓰였단다. 중국 최초의 국가인 하夏나라에도 금속으로 된 돈이 있었다.

그런데 돈은 좀처럼 사회 속에 뿌리내리지 못했다. 사람들은 물건과 물건을 직접 맞바꾸기를 더 좋아했다. 왜 옛날 사람들은 돈 쓰기를 꺼렸을까? 답을 찾기는 어렵지 않다. 지금도 돈은 때로 '기피 대상'이 된다. 특히 가족이나 가까운 친구 사이에서는 더욱 그렇다. 가족 간에는 내 것 네 것이 없다. 친구끼리도 아득바득 잇속을 챙기지 않는다. 그냥 정情이라 여기며 이것저것을 주고받는다.

그런데 돈이 끼어들면 어떨까? 재벌가도 돈 때문에 결딴나곤 하지 않던

가. 돈 앞에선 부모 형제도 없고, 친구 사이도 돈 앞에선 멀어진다. 돈 자체가 위아래와 경우를 따지지 않는 까닭이다. 돈 앞에서는 모두가 평등하다. 돈으로 얽히지 않은 사이끼리는 윗사람이나 소중한 사람을 우선으로 대접한다. 그러나 돈이 오가는 경우에는 항상 가진 사람이 먼저다. 20대 부자가 1등석에 앉고 돈 없는 노인이 3등석에 앉아 간다고 해서 뭐랄 사람은 없다.

세상은 인간관계와 문화, 관습으로 촘촘히 얽혀 있다. 돈은 이 모두를 한꺼번에 흩뜨려 놓는다. 그래서 옛사람들은 돈을 주고받아야 하는 일이라도 되도록 거래가 아닌 듯 꾸며 대곤 했다. 중국과 우리나라의 무역이 대표적인 예다. 인삼과 비단이 오갔지만, 어디까지나 이웃 나라끼리 예의를 차리는 '선물'이었을 뿐이다. 품앗이도 그렇다. 삯을 주고받는 대신 품과 음식을 나누었다.

그뿐 아니다. 어느 사회에서건 돈은 '노예나 포로가 만지는 추한 것'으로 여겨졌다. 서양에서 돈을 취급하던 이들은 주로 사회에서 멸시받던 치들이었다. 유대인이 대표 격이다. 우리 조상들도 사채업자는 상종 못할 족속으로 여기지 않았던가.

금의 저주, 가격 혁명이 시작되다

그러나 돈이 없으면 이만저만 불편한 게 아니다. 글 써서 먹고사는 내가 달걀이 먹고 싶다고 해 보자. 나는 '철학책을 읽고 싶어하는 달걀장수'를 찾아내야 한다. 이게 어디 쉽겠는가. 달걀장수도 마찬가지다. 딸아이에게 입힐 청바지가 필요하다면 '달걀에 입맛

다시는 옷집 주인'을 찾아나서야 한다. 고단하기 한이 없다.

그래서 돈은 언제나 세상을 굴러다닐 수밖에 없다. 금, 은, 철 같은 금속들은 오랫동안 '돈 구실'을 톡톡히 해냈다. 금속은 변하지 않는 데다 적당히 귀하기까지 했다. 갖고 다니기 편하도록 작고 가볍게 만들면 물건을 구할 때 아주 유용했다.

금이 세상에 널리 쓰이자 어이없는 '해프닝'도 벌어졌다. 금 자체만으로는 쌀이나 옷을 만들 수 없다. 그럼에도 사람들은 마치 금이 소중한 무엇이라도 되는 양 착각했던 것이다! 콜럼버스가 아메리카 대륙을 발견한 뒤 엄청난 금이 에스파냐로 쏟아져 들어왔다. 하지만 에스파냐 국왕은 금이 외국으로 나가지 못하게 막았다. 금 수출이 곧 국부國富 유출이라고 여긴 탓이었다. 그러자 물가가 크게 뛰었다. 이전에는 금 한 돈으로 사과를 열 개 살 수 있었다면, 이제는 사과 열 개를 사기 위해 금을 열 돈이나 내놓아야 했다. 이러면 똑같은 금으로 살 수 있는 사과는 10분의 1로 줄어든다.

오랜 실패와 착오 끝에, 사람들은 돈이 무엇인지 비로소 깨달았다. 돈은 돈 자체로는 가치가 없다. 돈은 마치 혈액처럼 '흘러야' 하는 것이었다. 남아도는 사람에게서 필요한 이들에게 물자가 잘 흘러가도록 도와주는 역할, 돈의 존재 이유는 거기 있었다.

은행권은 수백 년 동안 쌓인 신뢰가 있기에 제구실을 한다. 사람들이 '이건 그냥 종잇조각일 뿐이야!'라고 생각하는 순간 돈은 돈 구실을 못한다. 우리가 매일같이 주고받는 동전과 지폐에는 긴 세월에 걸친 시행착오와 도탑게 쌓인 신뢰가 담겨 있다.

돈 놓고 돈 먹기, 자본의 탄생

하지만 돈은 이제 생명을 가진 짐승이 되어 버렸다. 동물 세계에서는 강한 놈이 살아남는다. 좋은 먹이와 훌륭한 잠자리는 강한 놈 차지이기 때문이다. 또 짐승은 자식을 남기려고 끊임없이 발버둥 친다. 돈도 그렇다. 돈이 '자본'이 되면 점점 강해지면서 새끼를 쳐 나간다. 미국의 진보적 지식인 리오 휴버먼Leo Huberman은 자본이 무엇인지를 쉬운 예로 설명한다.

"두 사람이 연주회 표를 샀다. 둘 다 3.3달러짜리 표 세 장씩이다. 그중 한 사람은 표를 사자마자 친구 두 명과 극장 안에 들어가 자리를 잡았다. 다른 사람은 극장 앞으로 가서 사람들에게 표를 되팔았다. 한 장에 4.4달러씩 받고 말이다."

이 둘은 똑같이 9.9달러씩을 썼다. 그러나 둘의 돈은 완전히 다르다. 앞사람의 9.9달러는 그냥 '표 값'일 뿐이다. 뒷사람의 돈은 '자본'이다. 돈을 벌기 위해 돈을 썼기 때문이다. 자본이란 돈을 벌려고 투자하는 금액이다. 뒷사람이 9.9달러로 바나나를 세 개 사서 하나에 4.4달러를 받고 되팔았다 해서 달라질 건 없다. 돈만 챙길 수 있다면 자본은 무엇을 사고팔건 상관하지 않는다.

9.9달러로 아예 '또 다른 돈'을 사서 12달러에 되팔면 어떨까? 미친 소리 같지만 이는 우리에게 일상화된 금융 거래의 모습이다. 우리가 돈을 맡기면 은행은 이를 펀드나 채권에 투자한다. 펀드나 채권도 결국은 돈을 빌려 주었다는 '확인증'이라는 점에서 지폐와 마찬가지다. 우리는 돈으로 돈펀드, 채권을 사서 돈을 챙긴다. 이러면서 돈은 점점 늘어 난다. '돈 놓고 돈 먹기'는 노름을 비난할 때 쓰는 말이다. 하지만 돈을 걸고 돈을 딴다는 점

에서 투자가 노름과 다를 게 뭐 있겠는가.

자본주의는 자주 금융 위기로 홍역을 치른다. 당연한 일이다. 뿌리 없는 돈이 돈을 먹어 대면서 몸집을 키우는데 탈이 안 날 리 있겠는가. 서울 강남에서는 아파트 한 채 값이 10억 원을 훌쩍 넘는다. 과연 10억 원이 우스울 만큼 우리 사회가 풍족해져서 아파트 값이 그렇게 올랐을까? 아니다. 평범한 시민들에게 이 돈은 평생 모아도 손에 쥐기 어려울 만큼 큰 액수다. 돈이 증권 시장 등 돈놀이 판을 돌면서 몸집을 키웠기에 아파트 값만 점점 올라갔을 뿐이다.

가난한 자와 부자의 격차는 이런 식으로 점점 더 벌어진다. 돈놀이할 종잣돈을 가진 사람은 가만히 앉아만 있어도 이자를 챙기며 부자가 된다. 반면 가진 것 없는 이들은 아등바등해 봤자 몇 푼 못 번다. 돈은 온몸을 도는 피와 같아야 한다. 그러나 요즘 돈은 심장에서 나오자마자 바로 심장으로 들어가는 꼴이다. 투자처를 찾지 못한 엄청난 액수의 돈이 펀드와 채권으로만 흘러든다. 물건만 만들어 팔아서는 높은 금융 이자를 감당할 수가 없다. 돈은 결국 '금융 상품'을 구매하는 데로 몰린다. 반복되는 금융 위기와 경기 침체는 돈의 흐름이 이렇듯 잘못되었기에 생기는 문제다. 과연 해결책은 없을까?

돈이 제구실을 하려면

방글라데시의 경제학자 무함마드 유누스 Muhammad Yunus가 세운 그라민 은행은 돈에 대한 혜안을 열어 준다. 그는 땅 없고 재산 없는 사람들에게 무담보 소액 대출 사업을 벌였다. 아주 가난한 이들에게 보증이나 담보 없이 돈을 빌려 주는 사업으로, 혈액과 같아야 할 돈의 역할을 회복시키는 일이라 할 만하다.

그는 “대출은 인간의 기본 권리”라고 힘주어 말한다. 지극히 가난한 사람이 학비나 사업 밑천을 빌릴 수 있다면 그 사람의 인생은 뒤바뀔 수 있다. 만약 꿈을 펼칠 돈을 구하지 못한다면 삶은 바로 나락으로 떨어질 테다. 유누스는 기술을 가진 가난한 방글라데시인 42명이 재료를 구하고 일을 시작하는 데 필요한 돈이 856타카1976년 당시 환율로 약 27달러에 지나지 않는다는 사실에 주목했다.

“F-16 전투기 두 대 값이면 200만 가정에 고용 기회를 줄 수 있습니다!”

찢어지게 가난한 이들이라 돈을 갚지 못하지는 않을까? 그런 걱정은 접어도 좋다. 2008년 당시 그라민 은행에 돈을 되갚는 비율은 98퍼센트에 이르렀단다. 그는 담보 대신 ‘사람들의 눈’을 믿었다. 주변 사람들의 따가운 시선만큼 괴로운 것도 없다. 그는 돈 빌린 사람들을 다섯 명씩 한 조로 묶어 서로에 대해 책임을 지웠다. 이 중 한 사람이라도 대출을 갚지 못하면 다른 이들도 돈을 빌리지 못했다. 그렇기 때문에 대출자끼리는 서로서로 잘되도록 도와야 했다.

그라민 은행은 자선 단체가 아니다. 돈을 빌려 주고 이익을 남기는 엄연한 은행이다. 이 은행은 부자에게서 돈을 모아 가난한 사람들에게 삶의 기회를 준다. 이자율은 무려 16퍼센트, 돈을 빌려 준 이들도 충분히 이익을 챙길 만한 수준이다.

그라민 은행은 30년 가까이 건강하게 굴러가고 있다. 돈은 원래 그 자체로는 가치가 없다. 돈의 역할은 ‘남아도는 곳에서 부족한 쪽으로’ 부가 흘러가게 하는 데 있다. 첨단 금융 공학은 금융 위기를 낳았다. 그러나 소액 대출 사업은 가난한 자들에게 희망을 안긴다. 자본주의가 살려면 돈은 펀드에서 나와 부조扶助와 나눔으로 흘러가야 한다. 그라민 은행은 위기에 빠진 '선진(!) 금융 시장'에 많은 생각거리를 던진다.

화폐를 '교환권'으로 되돌리지는 못할까?

인간관계 전문가 스티븐 코비Stephen R. Covey는 "감정 은행 계좌"를 내세운다. 사람 사이에는 늘 '거래'가 이루어진다. 남에게 좋은 일을 많이 했는가? 그러면 상대는 나에게 신세졌다고 느낀다. 그래서 이를 갚으려고 은근히 노력한다. 내가 밥을 사면 상대편도 언젠가 식사를 대접하는 식이다. 반면 손해만 계속 끼치거나 나를 이용해 먹으려고만 드는 사람에게는 당한 만큼 앙갚음을 하고 싶어진다.

'돈'이란 도움을 받은 만큼 보답하고 싶은 마음, 입은 피해만큼 앙갚음하고 싶은 마음을 수치로 나타낸 것이라 해도 좋겠다. 이때 돈은 '교환권'과 다름없다.

그러나 '자본'은 교환권이 아니다. 자본이 되어 버린 돈은 그저 돈을 낳는 씨앗일 뿐이다. 이때 돈은 인간관계와 상관없이 '수학 논리'에 따라 움직인다. 인간관계를 떠난 돈은 마침내 파국에 이른다. 예컨대 서로마 제국이 무너진 이후 유럽은 다시 물물교환 경제로 돌아갔다.

심리학자 R. F. 스키너의 《웰덴 투Walden Two》와 같은 대부분의 유토피아론에서 돈은 '교환권' 노릇만 한다. 금융 공황 등 거듭되는 자본주의 위기의 시대, '교환권'이라는 돈의 본래 의미가 새삼 다가온다.

미래를 읽는 책

리오 휴버먼 지음, 장상환 옮김, 《자본주의 역사 바로 알기》, 책벌레, 2000
쑹훙빙 지음, 차혜정 옮김, 《화폐 전쟁》, 랜덤하우스코리아, 2008
데이비드 본스타인 지음, 김병순 옮김, 《그라민 은행 이야기》, 갈라파고스, 2009

15

경쟁의 미래

21세기 경제 문제의 정신적 해결책은?

유럽을 침략한 칭기즈칸 군대는 타협을 몰랐다. 그들에게는 적군의 항복도 소용없었다. 병사들은 살아 있는 모든 것을 죽였다. 마을과 성도 철저하게 파괴했다. 칭기즈칸은 왜 그토록 잔인했을까? 그에게는 새로운 백성과 마을이 필요 없었다. 오직 더 많은 양과 말을 키우기 위한 너른 풀밭만 원했다. 유목민이던 칭기즈칸에게 사람과 도시는 목초지를 갉아먹는 훼방꾼일 따름이었다.

아돌프 히틀러는 인간과 짐승의 세상살이가 다르지 않다고 믿었다. 약하면 강한 자에게 잡아먹힌다. 그러니 독일인은 세상에서 가장 강한 국민이 되어야 했다. 수단과 방법을 가리지 않는 전쟁으로 히틀러는 유럽 대부분을 집어삼켰다.

그러나 칭기즈칸과 히틀러는 뒤끝이 좋지 않았다. 이 "위대한(?)" 군주들은 세상에 별 업적을 남기지 못한 채 죽음을 맞았다. 초원으로 되쫓긴 칭기즈칸의 후손들은 지금도 척박한 땅에서 유목민의 삶을 이어간다. 히틀러의 제국 또한 채 10년도 버티지 못하고 무너졌다. 막장에 다다른 히틀러는

지하 벙커에서 자살했다.

가장 힘센 자가 꼭 생존 경쟁에서 이긴다는 법은 없다. 남을 짓누르고 나 혼자 살려는 사람은 결국 자멸한다. 이 점은 인간과 짐승의 세상살이 모두에 통한다. 공생共生의 능력은 주먹보다 힘이 세다.

주먹보다 힘센 공생의 기술

고릴라는 몸무게가 150킬로그램이 넘는다. 주먹도 어른 얼굴만 하다. 힘센 수컷 100마리를 모아 '고릴라 군단'을 만들면 세상에 무서울 게 없겠다. 그러나 고릴라들은 결코 뭉치는 법이 없다. 수컷 몇 마리만 모여도 죽기 살기로 다투는 까닭이다. 독수리, 사자, 호랑이 등 힘깨나 쓰는 동물은 모두 마찬가지여서, 수컷들끼리 무리를 짓는 경우는 거의 찾아볼 수 없다.

'짐승'의 기준으로 볼 때 인간은 참 별 볼일 없는 존재다. 날카로운 발톱과 이빨도 없을뿐더러 잘 달리지도 못한다. 게다가 어른이라 해도 생김새는 아이와 다를 바 없다. 갓 태어난 동물처럼 털이 없고, 몸에 비해 머리만 어처구니없을 정도로 크다. 촐싹대는 꼬락서니도 영락없는 어린 짐승의 모습이다. 호기심은 왜 또 그리 많은지 끊임없이 흥밋거리를 찾아 두리번거린다. 늠름한 동물이라면 결코 하지 않을 짓거리다.

역설적으로 '모자라는 짐승'이기에 인간은 만물의 영장이 되었다. 다 자란 고릴라는 두셋만 모여도 서로 으르렁댄다. 반면 사람들은 수백만 명씩 모여 도시를 이루고 산다. 그럼에도 길 가다 맞아 죽을까 걱정하는 사람은 별로 없다. 누군가가 함부로 주먹을 내지르는 경우는 매우 드물기 때문이다. 이처럼 인간은 놀랍도록 순한 동물이다.

뭉치면 엄청 강해질거야
잠시 후
내가 왕이다
천만에! 내가 대장
양보못해
뭉칠 수가 없어…

동물은 더 크고 강한 쪽으로 진화한다. 그런데 인류는 거꾸로 나아간다. 시간이 흐를수록 인간의 모습은 어린아이같이 바뀐다. 이른바 유형 진화幼形進化는 인간의 특징이다. 어린아이 같기에 인간은 큰 무리를 이루었고, 그 때문에 강력한 사회를 만들 수 있었다. 영국의 인류학자 클라이브 브롬홀Clive Bromhall의 주장이다.

'말'로 털 고르기를 하는 인간

인간은 공생을 생존 전략으로 택했다. 하지만 함께 사는 일은 결코 쉽지 않다. 사람이 모여 사는 곳에는 바람 잘 날이 없다. 먹거리와 잠자리를 놓고 악다구니가 계속되는 데다, 누가 더 높고 나은지를 놓고 벌이는 자리다툼 또한 끊이지 않는다. 집단생활에 따라붙는 갈등과 짜증을 잘 처리하지 못하면 사회 자체가 결딴나기도 한다.

싸우지 않고 서로를 다독이는 데는 원숭이도 대단한 전문가다. 원숭이들은 햇볕 좋은 곳에 사이좋게 앉아 서로의 털을 뽑고 다듬어 주는 '털 고르기grooming'를 한다. 심하게 다툰 놈끼리도 그렇다. 이를 '화해의 제스처'라 해도 좋을 듯싶다. 보노보bonobo원숭이들은 '관계 개선'을 위한 짝짓기도 서슴지 않는다. 수컷과 수컷, 암컷과 암컷끼리 엉키는 일도 종종 벌어진다. 따뜻한 감정을 나누는 데 스킨십만 한 게 어디 있겠는가. 하지만 원숭이와 보노보가 사용하는 관계의 기술도 40마리 이상일 때는 통하지 않는다. 그렇게 숫자가 많아지면 무리가 위태로워진다. 하루 종일 털만 고르며 몸을 어루만지고 있어야 할 테니까 말이다. 유인원 집단이 어느 정도 이상으로는 규모를 키우지 못하는 까닭이 여기 있다.

그런데 인간은 '말'로 털 고르기를 할 줄 안다. 털을 골라 주듯 인간은 말로 상대방을 어르고 달랜다. 유능한 인간 지도자는 영혼을 감동시키는 언어를 사용해 털 고르기보다 훨씬 효과적으로 조직을 이끈다.

인간 사회는 사람들을 따뜻하고 부드러워지도록 길들인다. 강하고 거친 이들은 외톨이가 되어 점차 구석으로 밀려난다. 역사적으로도 인류는 날이 갈수록 착해지고 섬세해져 왔다. 1,000년 전만 해도 유럽 귀족은 까막눈을 자랑으로 여겼다. 글자를 알면 '여자처럼 나약해진다'고 생각했기 때문이다. 게다가 엄청나게 먹어 대는 모습을 영웅의 상징처럼 여겼다. 술병과 고깃덩어리를 손에 든 채 씩씩거리는 거구의 사내, 대식가大食家인 근육맨이 진정한 '남자'로 대접받은 셈이다. 그러나 지금은 호리호리한 몸매에 배려 넘치는 꽃미남이 사람들의 마음을 휘어잡는다.

진화론으로 봐도 이는 당연한 결과다. 하루하루 먹고사는 게 중요했던 옛날에는 무엇보다도 힘센 남자가 최고였다. 그런데 지금은 아무리 강해도 후손을 남긴다는 보장이 없다. 배우자가 자신을 좋아하지 않으면 후손을 남길 가능성은 줄어든다. 한편에는 힘세고 일 잘하지만 가족에게 관심 없는 아빠가 있고, 다른 한편에는 힘은 약하지만 다정하여 자식을 잘 돌보는 아빠가 있다고 해 보자. 이 가운데 누가 여성의 선택을 받아 후손을 남길까? 아마도 정이 많은 쪽일 듯싶다.

더욱이 제대로 보호받고 자란, 부드러운 남자의 자식들은 그만큼 튼튼한 성인으로 자라날 가능성이 높다. 또 그런 아빠의 유전자를 받은 아이들은 아빠만큼이나 따뜻한 마음을 지니고 있을 테다. 이처럼 진화는 짝을 선택하는 과정에서도 이루어진다. 이것이 바로 찰스 다윈이 말하는 '자웅雌雄 선택' 이론이다.

현대는 근육보다 사교 기술이 더 필요한 시대다. 강한 근육이 없어도 직업을 갖는 데 별 문제가 없지만, 성격이 까다롭고 사납다면 취업하는 데 큰 어려움을 겪게 된다. 이제는 볼펜에서 반도체에 이르기까지, 뭐 하나 혼자 만들어 낼 수 있는 물건이 없다. 무슨 일을 하건 다른 사람과 함께하지 않으면 안 된다. 이렇게 인간은 점점 더 사교적인 동물로 바뀌고 있다. 따라서 남의 감정을 읽고 감쌀 줄 아는 사회 지능Social Intelligence의 중요성도 날로 높아지고 있다.

생존 투쟁에서 인정 투쟁으로

'불안'과 '우울', 심리학자들은 현대인의 대표적인 마음의 병으로 이 두 가지를 꼽는다. 하지만 아득바득 사는 사람은 우울증에 잘 걸리지 않는다. 당장 해결해야 할 문제가 산더미인데 어떻게 주저앉아 넋놓고 있겠는가. 이렇듯 불안과 우울은 안전한 상황에서, 인정과 사랑을 받고 싶은 마음에 찾아든다.

또 사람은 더 나은 학벌, 더 높은 지위, 더 좋은 집, 더 멋진 차를 얻기 위해 경쟁한다. 하지만 이런 것들이 없거나 남들만 못하다고 해서 '먹고사는' 일 자체가 크게 위협받지는 않는다. 요즘 같은 세상에 우리 사회에서 굶거나 얼어 죽는 사람은 거의 없다. 살길이 끊긴 사람들을 지켜 주는 경제적인 사회 안전망은 지금도 꽤 단단하다. 그러나 좋은 학벌과 멋진 차, 널찍한 집 이면에는 인정받고 싶은 욕구가 숨어 있다. 내가 얼마나 훌륭한지 사람들이 알아주었으면 하는 마음 말이다.

'명예'와 '자존심'도 인정받고 싶은 욕구와 다르지 않다. 인간 사회 안에서의 치열한 '생존 경쟁'은 더는 목숨을 쥐고 흔들지 않는다. 그럼에도 경쟁에서 밀리면 관심과 사랑에서 멀어지리라는 두려움이 사람들을 불안하게 만든다. 우리는 칭찬에 굶주린 어린아이로 세상을 살아가는 셈이다.

왜 그들은 정상에서 자살할까

바나나 1,000개 정도를 원숭이에게 던져 주었다고 해 보자. 원숭이들은 바나나 때문에 다투지는 않을 것이다. 그러나 사람은 다르다. 100억 원을 가진다 해도 사람은 만족하지 못한다. 1,000억 원 가진 부자가 부러운 까닭이다. 1,000억 원을 손에 쥐어도 아쉽기는 마찬가지다. 1조 원을 가진 재벌에 비하면 자신은 턱없이 초라하게 느껴질 것이다.

인간의 욕심은 끝이 없다. 실제가 아닌 상징symbol을 놓고 경쟁하기 때문이다. 1,000억 원이나 1조 원이나 평생 써도 다 쓰지 못할 큰돈이기는 마찬가지다. 그럼에도 인간은 결코 경쟁을 그치지 않는다. 욕심을 채울수록 목표는 더욱 커져만 간다. 안타깝게도 더 많이 갖고 더 높은 지위를 얻는다 해서 반드시 주변 사람들의 따뜻한 사랑까지 얻는다는 보장은 없다. 뛰어난 사람은 오히려 질투의 대상이 될 뿐이다. 사람들 사이에 살가운 우정은 차츰 사라지고 그 주변에는 덕을 보려고 거짓 정성을 기울이는 이들로 채워지기 십상이다.

어린아이로 진화한 인간은 그만 길을 잃었다. 인정받기 위한 경쟁이라면 상대를 아무리 눌러 봤자 소용없다. 그렇다고 해서 사랑을 얻는 건 아니기 때문이다. 그래서 정상에 선 인간은 더욱 고독하고 불안하며 우울하다. 재벌도, 인기 절정의 연예인도 우울증 때문에 소중한 목숨을 끊지 않던가.

우울과 불안을 고치는 최고의 치료제는 관심과 사랑이다. 그럼에도 인류는 위험하고 허망한 생존 경쟁에만 목을 맨다. 부자가 되면, 경제 상황이 더 나아지면 삶이 사랑과 행복으로 가득하리라는 착각 속에서 우리는 살고 있다. 선진국일수록 우울증 환자가 많고 자살하는 사람도 늘어나는 현실을 무엇으로 설명할 수 있을까?

경제 문제의 '정신적' 해결

수입이 늘면 행복감도 높아진다. 국민 소득이 1만 5,000달러일 때까지는 그렇다. 하지만 그 이상 수입이 늘면 행복은 경제력과 별 상관이 없어진다. 하버드 대학교 총장을 지낸 데릭 보크Derek Bok의 설명이다. 사회 복지를 연구하는 학자들의 말에 따르면, 가난한 사람보다 1,000배나 돈이 많은 사람도 행복감은 겨우 10퍼센트쯤 높을 뿐이란다.

어린아이에게는 돈보다 엄마가 더 소중하다. 어린아이로 진화한 인류도 마찬가지다. 인간은 사회적 동물이다. 우리의 본능은 따뜻함과 배려 깊은 공동체를 원한다. 최소한의 먹고사는 문제는 경제가 해결해 줄 수 있지만, 돈과 재산이 행복을 만들어 주지는 못한다.

부탄은 세계에서 가난한 나라 가운데 하나다. 그러나 전 세계에서 가장 행복한 나라로 꼽힌다. 실제로 이 나라에서는 국민 총생산GNP, Gross National Product보다 국민 행복 지수GNH, Gross National Happiness를 더 중요하게 여긴다. 행복이 경제보다 중요하다는 사실을 모르는 사람은 없다. 서로의 마음을 다독이고 지지해 줄 '인정'과 '관심'에 기초한 사회 안전망이 더욱 절실한 이유가 바로 여기 있다.

'스크루지 증후군'에서 벗어나려면

현대 사회도 전장처럼 '영역'이 확실하다. 전쟁을 할 때는 전투원만 상대해야 한다. 민간인을 공격했다가는 비난과 손해를 감당해야 한다. 입시에선 성적과 공부만으로 승부를 내야 한다. 신체적 단점을 트집 잡거나 집안 배경을 내세웠다가는 '부정不正'으로 몰리기 십상이다. 경제 문제도 다르지 않다. 파산을 한 사람에 대해서도 책임은 '경제'의 테두리 안에서만 물어야 한다. 인격적 비난이나 물리적 폭력은 절대 허락되지 않는다.

스크루지는 돈에 매달렸다. 돈만 많이 벌면 잃어버린 사랑도, 굶주린 인정도 채울 수 있으리라 믿었다. 그러나 돈은 돈이 필요한 부분에서만 가치가 있을 뿐이다. 사람의 진짜 마음은 돈으로 사지 못한다. 학교 우등생이 곧 사회 우등생은 아니다. 사회생활은 실력만이 아니라 신체 조건이나 집안 등 복잡한 변수가 맞물리며 이루어진다. 그런데도 우리 시대는 전쟁, 입시, 경제 등등으로 승부처가 조각나 있다. 그중 몇 군데에서 이긴다 해도 인생의 '절대 승자'는 될 수 없는 구도다. 우울증과 자살자가 늘어나는 까닭도 이런 배경에서 설명할 수 있지 않을까? 나는 이를 '스크루지 증후군'이라 부르고 싶다.

마틴 셀리그먼Martin E. P. Seligman을 비롯한 심리학자들은 긍정적 정서, 몰입, 좋은 관계, 삶의 의미, 성취 등 '행복'을 재는 통합적 잣대를 마련하고자 연구를 이어가고 있다. 그러니 아마도 21세기 이후에는 '성공' 개념이 '종합적으로' 바뀌지 않을까?

미래를 읽는 책

찰스 다윈 지음, 윤소영 풀어씀, 《종의 기원-자연 선택의 신비를 밝히다》, 사계절, 2004
클라이브 브롬홀 지음, 김승욱 옮김, 《영원한 어린아이, 인간》, 작가정신, 2004
데스몬드 모리스 지음, 김동광 옮김, 《털 없는 원숭이의 행복론》, 까치글방, 2008

16

근무 시간의 미래

크로노믹스, 야근하라! 혁신하려면?

모든 학생이 대학 입시에서 성공할 리는 없다. 대학에 입학할 수 있는 인원은 정해져 있다. 그런데도 일등에서 꼴찌까지 예외 없이 야간 자율 학습을 강제하는 학교가 많다. 새벽별 보고 등교해 달이 기우는 모습을 보며 귀가하기. 우리 청소년들에게는 낯설지 않은 일상이다.

학교생활은 야근 훈련의 장?

하루 일과도 별 차이가 없다. 국어, 영어, 수학으로 반복되는 일과표, 다시 '심화', '보충'이라는 이름으로 비슷한 수업 시간이 밤늦게까지 반복된다. 어제가 오늘 같고 오늘이 내일 같은 하루하루다. 모든 학생이 똑같은 '미래'를 살 리 없건만 그들의 '현재'는 천편일률적이다. 그런데도 반발은 크지 않다. 이른바 "야자"에 엄격할수록 오히려 그 학교는 "공부 많이 시키는 좋은 학교"로 인정받는다.

회사도 학교와 닮은꼴이다. 직장에서는 늦게까지 남아서 일할수록 열의에 찬 노동자로 대접받는다. 직장인의 하루 일과도 쳇바퀴 돌듯 반복된다. 일이 남은 동료를 위해 퇴근을 미루고 함께해 주면 그것이 곧 단단한 '팀워크'로 여겨진다.

그렇다면 학교는 혹시 학생들에게 '야근 훈련'을 시키는 셈 아닐까? 학교는 학생들의 불만을 억누르며 그들이 모두 함께 묵묵히 앞으로 나아가는 자세를 갖추게 한다. 우리나라 노동자들의 노동 시간은 OECD경제 협력 개발 기구 국가 가운데 단연 최고다. 그럼에도 사람들의 불평은 크지 않다. 하긴 어릴 때부터 "야자"로 다져진 실력(?) 아닌가.

"자네는 생각할 필요가 없네" —기획실의 탄생

"사장은 되도록 낮은 임금을 주려고 한다. 이에 노동자는 가급적 일을 적게 함으로써 보복한다. 산업 현장에서는 전쟁이 일어나고 있다. 사장과 노동자는 서로에게 가장 나쁜 것을 주려고 작정한 듯 보인다."

과학적 관리법scientific management을 창안한 미국 경영학자 프레더릭 테일러Frederick W. Taylor의 말이다. 뼈 빠지게 일해 봤자 노동자들은 수입이 뻔했다. 열심히 일하는 사람은 오히려 동료들의 핀잔을 듣기 일쑤였다. 쉬엄쉬엄 대충대충, 100여 년 전의 공장 분위기는 아마 이랬나 보다. 솔저링soldiering이라고도 부르는 태업怠業이 일반적이었다는 말이다.

과학적 관리법이란 솔저링을 뿌리 뽑기 위한 노력이었다. 사실 사장 입장에서는 이익을 늘리기 위해 근무 시간 동안 직원들에게 최대한 많은 일을 시켜야 한다. 그런데 테일러는 인간의 착한 마음을 믿지 않았다. 그래서 "열심히 일해라", "똑바로 근무해라" 같은 잔소리를 하지 않았다. 그 대신 그는 철저히 "과학적"으로 노동자들을 관리했다.

첫째, 어떤 작업이건 일을 단순하고 기본적인 동작으로 쪼개어 정리하라.

둘째, 불필요한 동작들을 골라내어 버려라.

셋째, 일에 익숙한 노동자들의 작업 동작을 스톱워치로 재라. 그 가운데 가장 빠르고 효과적인 동작을 골라내라.

넷째, 각각의 동작을 정리하여 매뉴얼로 만들어라. 능률을 최대로 올릴 만큼의 휴식 간격과 시간도 측정하여 정하라.

테일러는 모든 일을 단순하게 쪼갰다. 일이 잘게 나눠질수록 그 작업이 노동자 손에 얼마나 익었느냐 혹은 솜씨가 좋으냐는 문제가 되지 않는다. 망치질과 다듬기 같은 간단한 일을 그냥 주어진 대로 하면 그뿐이다. 게다가 그 동작까지 세세히 정해졌으니 꾀부릴 엄두조차 내지 못한다. 정해진 대로 하지 않으면 생산량이 표 나게 줄어드는 까닭이다.

업무가 자잘하게 쪼개지면 더 철저한 분업과 협동이 요구된다. 한 부서의 일이 늦어지면 다른 부서도 작업을 할 수 없다. 따라서 시간 지키기가 무엇보다 중요해진다.

"자네는 생각할 필요가 없네. 생각하고 돈 받는 사람들은 따로 있다네." 테일러가 노동자들에게 늘 하던 말이다. 그는 회사 안에 별도의 기획실을 두었다. 기획실 사람들은 회사 일을 큰 틀에서 들여다보며 모든 작업을 조정했다. 반면 그 이외의 업무는 누가 새로 들어오든 당장 할 수 있도록 단순화했다. 노동자들은 지시받은 일만 하면 되었다.

우리네 학교는 테일러의 공장과 닮은꼴이다. 학생들은 생각할 필요가 없다. 엄밀하게 '기획'된, 잘 짜인 교육 과정을 묵묵히 따라가기만 하면 된다. 훌륭한 학생이라면 성실하게 학업에 매달려야 한다. 그러면 성적 향상, 우수 학생 표창이라는 보상도 받을 수 있다. 테일러는 '성과급'을 최초로 도입한 사람이기도 하다.

테일러는 또한 노동자들에게 급여와 여가를 풍족하게 주어서는 안 된다고 주장했다. 노동자에게는 넘치는 돈과 시간을 관리할 능력이 부족하다는 이유에서였다. 테일러는 부드럽게 강조한다. "노동자들을 위해서라도 그들이 너무 빨리 부자가 되지 않도록 해야 한다."

테일러의 이런 생각도 우리네 학교와 닮은꼴 아닌가? 학교는 학생들에게 자기 관리 능력이 매우 부족하다고 생각한다. 그러니 학생들을 위해서라도 너무 많은 자유를 주어서는 안 된다는 것이다. 이런 면에서도 학교는 '직장 적응력'을 길러 주기에 꽤 적당한 조직인 셈이다.

맥도날드화하는 세계, 레드 오션의 지옥

테일러의 과학적 관리법은 20세기 초반을 화려하게 장식했다. 테일러의 방식을 적극 받아들인 포드 자동차는 세계적 기업으로 성장했다. 지금도 과학적 관리법은 세계 곳곳에서 위력을 떨치고 있다.

그중 패스트푸드 업체 맥도날드는 테일러 시스템의 대표 격이다. 미국의 사회학자 조지 리처George Ritzer는 아예 '맥도날드 방식Macdonaldization'이라는 말까지 만들어 냈다. 세상이 맥도날드처럼 변해 간다"맥도날드화"는 뜻이다. 아마도 테일러가 살아생전에 맥도날드 가게를 가 봤다면 크게 만족했을 듯 싶다.

맥도날드에서는 모든 일이 테일러의 공장처럼 효율 위주로 이루어진다. 손님들은 햄버거를 사기 위해 점원과 인사치레를 할 필요가 없다. 그러기 전에 점원들이 먼저 훈련받은 대로 친절하고 신속하게 손님들을 대하기 때문이다. 또 무엇을 먹을지 심각하게 고민할 필요도 없다. 몇 개 안 되는 메뉴 중에서 골라 가격을 치르면 그만이다. 조리 과정도 대부분 간단하게 통일되어 있어 음식 기다리는 시간도 짧다. 가게마다 품질도 거의 같으니 음식의 질이 어떨는지 걱정할 필요도 없다.

'맥잡Mcjob; McDonald Job'은 맥도날드 매장에 고용된 사람들이 하는 허드렛일을 가리키는 말이다. 맥도날드 매장에서 이루어지는 모든 업무는 누구나 할 수 있을 만큼 단순화되어 있다. 따라서 직원을 교육하기도 교체하기도 쉽다. 그러니 '맥도날드 방식'은 손님에게나 사장에게나 적은 비용으로 큰 만족을 얻을 수 있는 운영 방식이라 할 만하다. 그래서 이런 방식은 편의점, 식당, 여행 업소 등에 전 방위적으로 퍼져 나갔다.

하지만 맥도날드 방식에 따라 돌아가는 편의점도 일만 고되고 수입은 적은 3D 업종으로 치부되기 일쑤다. 최고의 효율을 자랑하는 테일러 시스템이 어쩌다 이렇게 되었을까?

이유는 치열한 경쟁 탓이다. 아르바이트생들은 형편없는 보수를 받는다. 그렇다고 가게 주인이 큰돈을 챙기는 것도 아니다. 가격을 올리면 손님들이 경쟁 업체로 가 버릴지 모르니 낮은 가격을 유지해야 한다. 그런데 다른 업소들도 대부분 테일러의 과학적 관리법에서 아이디어를 얻은 맥도날드 방식으로 운영된다. 이쪽이 성실하게 일하는 만큼 상대편도 열심히 일한다는 의미다. 따라서 가게는 망하지 않는 수준만 겨우 유지하며 허덕거린다. 이제 테일러 시스템이 영향력을 발휘하는 곳은, 경쟁은 치열하지만 이익은 적은 핏빛 시장, 즉 레드 오션red ocean이 되어 버렸다.

'창조적 파괴', 슘페터가 제시한 탈출구

큰 반도체 회사들은 몇 개월 만에 수조 원씩 이익을 내곤 한다. 그러나 형편이 안 좋을 때는 엄청난 적자를 본다. 경쟁이 무척 치열하지만, 여기서의 승패가 테일러식으로 결정될 것 같지는 않다. 승부는 작업 과정을 얼마나 효율적으로 굴리는 지에서 나지 않는다. 승리의 핵심은 '혁신'에 있다. 남들이 생각지 못한 묘안과 새로운 생산 방식을 찾아내는 능력 말이다.

경제학자 조지프 슘페터Joseph A. Schumpeter는 이를 '창조적 파괴creative destruction'라고 이름 지었다. 이익은 혁신에서 나온다. 그러나 경쟁자들이라고 해서 가만있을 리 없다. 그들도 새로 개발된 방식을 열심히 베끼고 따라해 시장은 또다시 레드 오션이 되어 버린다.

따라서 기업은 변화에 변화를 거듭해야 한다. 슘페터는 혁신을 이루어내는 사람들을 '기업가entrepreneur'라고 불렀다. 기업가란 주어진 일에만 코 박고 있는 사람이 아니다. 자신의 업무 바깥에서 큰 틀을 보며 생각할 줄 아는 사람을 말한다. 여기서 테일러의 과학적 관리법은 무릎을 꿇는다. 테일러식 공장에서 새로운 생각은 '잡념'일 뿐이다. 나 홀로 혁신적 방식으로 일했다가는 오히려 다른 부서나 직원에게 지장을 주게 된다. 모든 작업 공정이 서로 맞물리는 까닭이다. 작업 공정 전체가 바뀌지 않고는 새로운 방식을 적용하기 어렵다. 그러므로 거기서는 변화가 더딜 수밖에 없다.

혁신은 이제 기업의 가장 중요한 생존 방법이 되었다. 그런데 혁신은 정해진 일과 시간 안에서만 일어나는 것이 아니다. 기발한 생각이 오전 아홉 시에서 오후 여섯 시 사이에만 떠오를 리 있겠는가. 꽉 짜인 일과는 생각까지 옥죈다. 슘페터는 혁신을 이루는 기업가는 "바깥에서 오며", 그들은 "침입자"라고 말한다. 훈수 두는 사람이 장기판을 더 잘 읽는 법이라는 이야기다. 한마디로 혁신이라는 능력은 자유로움에서 나온다. 잘나가는 기업들이 왜 직원들에게 비즈니스 정장을 벗으라고 하는지, 앞다투어 자율 근무제를 받아들이는지 알 만한 대목이다.

크로노믹스, 미래의 직장에 적응하려면

어느덧 시간 그 자체보다는 템포tempo가 중요한 시대가 되었다. 전체 일과보다 노동자 한 사람 한 사람의 생활 리듬이 중요해졌다는 뜻이다. 심지어 업무를 위한 대화마저 템포에 맞추어 조정할 수 있는 세상이 되었다. 문자 메시지나 메신저, 이메일을 이용하면 직접 대화나 전화 통화를 할 때처럼 곧바로 응답하지 않아도 된다. 자기 리듬에 맞게 충분히 생각하고, 자신이 응하고 싶을 때 답하면 된다. 중요한 것은 창의성과 혁신이지 성실함과 꾸준함이 아니다. 심지어 급여도 시간을 기준으로 하는 '월급'에서 성과를 잣대로 매기는 '연봉'으로 바뀌고 있지 않은가.

21세기 학교에서는 '자기 주도 학습'이라는 말이 강조된다. 21세기 직장에선 '자율적 근무'가 중요한 항목으로 여겨진다. 결국 오늘날에는 우리 각자에게 주어진 정보와 자원을 최대한 활용해 제 스스로 일과를 설계하는 크로노믹스chronomics가 혁신을 이끄는 핵심이라 하겠다. 크로노믹스란 앨빈 토플러가 《부의 미래》에서 쓴 용어로, 과거 사건의 시간적 배경을 밝히는 학문인 '크로노스chronos, 연대학'와 경제학을 뜻하는 '이코노믹스economics'를 합친 말이다.

그럼에도 아직 많은 회사가 야근을 통해서 혁신을 이루려 한다. 어느새 만들어진 '혁신 전담 부서'의 직원들은 날밤을 세우며 묘안 찾기에 열심이다. 또 거기만큼 팀워크가 강조되는 곳도 없다. 학교도 사정은 비슷하다. 보충 수업을 통해 아이들에게 '자기 주도 학습'을 가르치는 학교가 적지 않다.

대한민국에서는 테일러와 슘페터가 손을 잡고 함께 간다. 과연 '야근하는 혁신적 인재'가 탄생할 날이 올까? 미래가 기대되는 우리나라다.

시장 축소와 경제 다운사이징을 신산업 아이템으로!

고대 그리스에서 자유인에게는 스콜레scholē가 중요했다. 스콜레는 '여가餘暇, leisure'라는 뜻이다. 그들은 인간의 진짜 삶은 노동에서 벗어날 때 시작된다고 생각했다. 현대인에게도 여가는 소중하다. 그러나 일도 못지않게 중요하다. 일터에서 얻는 만족감은 현대인의 행복을 이루는 큰 부분 중 하나다.

다만 현대에 와서는 일의 성격이 다소 바뀌었다. 예전에 사람들은 삶의 필요를 채우기 위해 일했다. 그러나 오늘날의 노동 대부분은 생필품을 만들기 위함이 아니다. 그래서 새로운 욕구를 만들어 내는 일은 아주 중요하다. 산업을 움직일 '시장'을 개척하기 위해서다. 지금의 경제 체제는 배부른 사람에게 더 먹도록 부추겨야 돌아가는 구조 아닌가.

이제 발상을 바꾸어 보자. 욕구를 줄이는 일을 '비즈니스 모델'로 삼을 수는 없을까? 한때는 환경운동가가 '산업 발전을 가로막는 적敵'으로 여겼던 적도 있었다. 그러나 이제 환경운동은 '녹색성장산업'으로 거듭나는 중이다. 욕구를 다운사이징해서 시장을 축소하는 일도 절실한 요즘이다. 환경이나 자원 고갈 차원에서 보면 더더욱 그렇다. 이익을 창출할 만한 '경제 다운사이징 사업 방안'을 강구할 때다.

미래를 읽는 책

조지 리처 지음, 김종덕 옮김, 《맥도날드 그리고 맥도날드화》, 시유시, 2003
안드레아 가보 지음, 심현식 옮김, 《자본주의 철학자들》, 황금가지, 2006
조지프 슘페터 지음, 박영호 옮김, 《경제 발전의 이론》, 지만지, 2011

17

부동산의 미래

바나나 국가들이 도시 문제를 해결하려면?

일본의 도시에 있는 집들은 비좁기로 유명하다. 사실 일본인들이 작은 집에 살게 된 지는 얼마 되지 않았다. 제2차 세계 대전이 일어나기 전만 해도 일본 사람의 집은 평균적인 미국인의 집보다 컸단다. 하지만 전쟁이 끝난 뒤 일본 도시에는 좁고 작은 주택들이 들어섰다.

일본은 왜 바나나 국가가 되었을까?

미국의 법학자 마이클 헬러Michael Heller는 그 이유를 이렇게 설명한다. 미국은 일본을 점령한 뒤 자기네 법을 이곳으로 끌어들였다. 건물과 땅을 둘러싼 개인의 권리를 분명하게 가른 것이다. 그러자 집과 땅은 여러 조각으로 쪼개졌다. 예전에는 부모와 형제가 같이 사는 집이라며 두루뭉술하게 넘어갔지만, 이제는 집과 땅에 대해 누가 얼마만큼의 권리를 갖는지가 뚜렷해졌다.

그때부터 골치 아픈 문제가 곳곳에서 튀어나왔다. 낡고 허름한 건물을 허물고 새로 짓고 싶어도 여러 사람이 제 몫을 요구하는 탓에 그럴 수 없었다. 집값도 점점 올라갔다. 사람들은 계속 도시로 모여드는데 그들이 머물 곳은 한정되었기 때문이다. '바나나 국가'라는 표현이 그래서 생겨났다. 바나나BANANA란 'Build Absolutely Nothing Anywhere Near Anyone', 곧 숱한 장애물 탓에 어디서든 아무것도 지을 수 없다는 말이다.

물론 일본만 바나나 국가인 것은 아니다. 미국의 뉴욕이나 버클리도 똑같은 문제를 안고 있다. 우리나라도 도시 개발 사업을 할 때 마찬가지 어려움을 겪는다. 수백 수천 명의 사람들과 흥정하느라 건축비가 하늘 높이 치솟는다. 이는 고스란히 비싼 집값과 임대료로 이어진다. 높은 부동산 가격이 경제의 숨통을 조이는 격이다. 헬러는 이런 모습을 가리켜 '그리드락Gridlock'이라고 부른다. 너무 많은 사람이 권리를 내세워 이러지도 저러지도 못한다는 의미다.

부동산을 둘러싼 다툼은 갈 때까지 가는 경우가 많다. 그만큼 땅은 인간이 살아가는 데 가장 필요한 기본 조건이다. 미국의 경제학자 헨리 조지Henry George는 사회가 가난에서 벗어나려면 땅 문제부터 해결해야 한다고 주장했다. 몇몇 소수의 사람이 땅을 차지하는 한 나머지 다수의 사람들은 아무리 노력해 봤자 땅주인 좋은 일만 하게 될 뿐이다. 나의 수입이 늘어난다 해도 임대료와 집세가 그만큼 올라가면 '말짱 도루묵'이다. 그러니 경제가 활발하게 움직여도 땅 없는 이들의 살림살이는 제자리걸음일 수밖에 없다. 갈수록 심해지는 빈부 격차의 중심에도 부동산 문제가 놓여 있다.

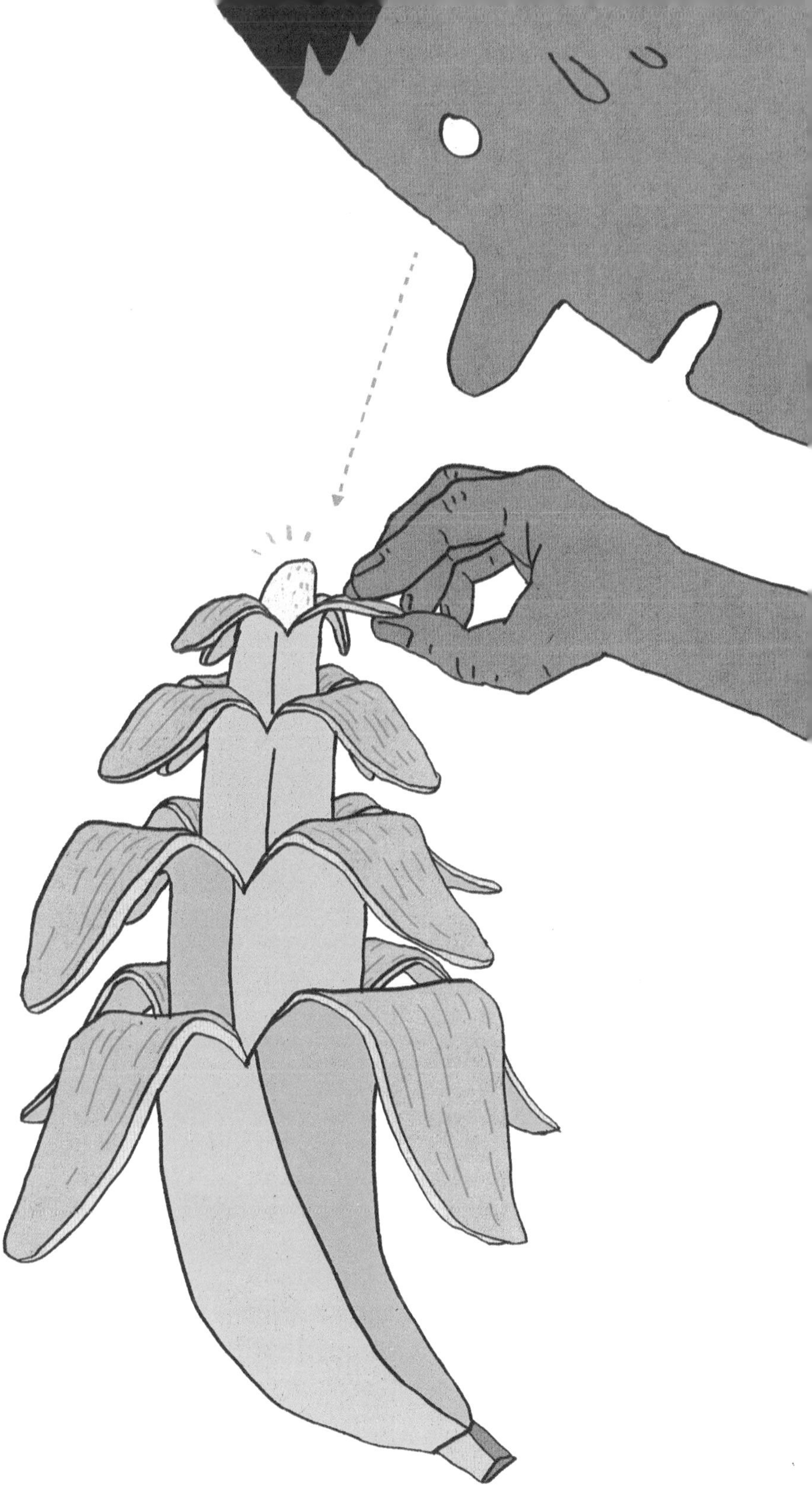

‘땅’은 대체 누구의 것인가?

철학자들 역시 부동산 권리를 놓고 줄곧 논쟁을 벌였다. 존 스튜어트 밀과 존 로크는 ‘땅이 누구의 것’이라는 생각은 받아들이기 어렵다고 말한다. 나 자신이 땀 흘려 노력해 얻은 성과물을 ‘내 것’이라 주장한다면, 이는 당연한 일이다. 그러나 땅은 원래부터 있던 것일 뿐, 인간의 노력으로 만들어 낸 것이 아니다. 공기를 내 것 네 것으로 가리는 일이 황당하듯 땅을 둘러싼 다툼도 마찬가지다.

땅이 분명하게 개인의 것이 된 지는 얼마 되지 않았다. 대부분의 나라에서는 땅을 ‘나라님의 것’ 또는 ‘국가의 것’으로 여겼다. 땅의 주인은 원래 ‘왕’이었다. 사람들은 이를 빌려서 가꾸고 관리했을 뿐이다. 왕은 어디서 땅에 대한 권리를 얻었을까? 신에게서다. 옛날 사람들은 신이 왕에게 땅을 주었다고 믿었다. 보통 사람은 땅을 가질 수 없고 왕의 허락을 받아 사용할 수만 있었다. 나라님이 원하면 기꺼이 땅을 바쳐야 했다. 당연히 그 시절엔 대규모 건축 사업을 할 때도 땅을 둘러싼 삐걱거림이 없었다.

지금도 북한이나 중국에서 땅은 개인의 것이 될 수 없다. 이들 나라에서는 “신이 땅을 주었다.”라고 말하는 대신 ‘토지 공개념’이라는 세련된 용어를 쓴다. 하지만 밑바탕에 깔린 생각은 비슷하다.

공유지의 비극

세상에서 이유 없이 벌어지는 일은 없다. 땅이 개인의 것이 된 데도 그 나름의 까닭이 있다. 개인이 차지한 땅은 남들이 함부로 하지 못한다. 주인은 땅을 규모 있게 잘 가꾸어 요긴하게 쓸 것이다. 그러니 모두가 같이 쓰는 땅이 있다면 어떤 일이 벌어질까? 아무도 책임지는 사람이 없을 테니 제대로 관리되지도 않을 것이다. 더구나 누구 소유인지 분명하지 않아 무엇을 하려 해도 다툼이 벌어질 것이다. 왜 당신 혼자만 쓰려 하느냐면서 말이다. 이것이 바로 경제학에서 말하는 '공유지의 비극'이다.

누구 것인지를 놓고 다툼이 벌어지는 부동산들은 대부분 제대로 관리되지 못한다. 그래서 공유지는 금세 거칠고 황폐한 모습으로 바뀌어 버린다. 부동산은 누구 소유인지가 분명해야 제대로 관리되고 이용된다. 게다가 시장은 애매한 것을 내버려 두지 않는다. 시장이 순조롭게 돌아가려면 그게 무엇이든 누구 것인지 분명히 가려져야 한다. 부동산에 대한 권리도 마찬가지다. 도시일수록 부동산을 둘러싼 선 긋기가 복잡하면서도 명확한 이유는 여기에 있다.

에드윈 밀스Edwin S. Mills 같은 경제학자 또한 경제가 성장할수록 땅값은 올라갈 수밖에 없다고 말한다. 사람들이 몰려들어 땅값이 치솟는 일은 경제가 크기 위한 '성장통'과도 같다. 산업이 발달하던 시절, 일본의 수도 도쿄의 인구가 갑자기 늘었다. 서울도 사정이 다르지 않았다. 공장이 잘 돌아갈수록 사람들은 서울로 모여들었다. 우리와 살림살이가 비슷한 멕시코에서도, 경제가 발전하자 너도나도 멕시코시티로 몰려들었다. 현재 경제가 쑥쑥 자라는 중국도 베이징과 상하이 인구가 빠른 속도로 불어나고 있다.

부동산 문제를 푸는 열쇠

요즘엔 점점 높아지는 땅값이 경제에 부담을 주고 있다. 부동산을 둘러싼 복잡한 권리는 사업을 시작하기도 어렵게 만든다. 인구 대부분이 큰 도시에 몰려 있고, 땅값은 하늘 높은 줄 모른 채 계속 오른다. 이에 따라 땅을 둘러싼 갈등이 점점 심각해진다. 꼬일 대로 꼬인 부동산 문제를 해결할 방법은 없을까?

인터넷과 정보·통신 기술의 발달은 부동산 문제를 풀어 줄 소중한 열쇠다. 예전에는 사업을 하려면 큰 시장 곁에 있는 편이 유리했다. 만약 옷을 사려는 고객이 파리에 1,000명, 뉴욕에 스무 명, 서울에 다섯 명 있다면 어떻게 할까? 옷 파는 사람은 파리에 가게를 열려 하고, 소비자들도 자연스럽게 파리로 몰려가 옷을 살 것이다. 대도시 상가의 임대료가 비싸지는 이유다.

그러나 인터넷 세상에서는 시장의 모습이 달라질 수밖에 없다. 세계 어느 곳에 있건 웹상에서 주문하고 상품은 택배로 받으면 그만이다. 공장은 중국에 두고 인터넷과 전화 상담원은 인도에 둔 채, 자그마한 본사 사무실만 대도시에 있는 회사도 드물지 않다.

학교도 마찬가지다. 인터넷 강의는 계속 늘어 간다. 웹상에서 질문을 던지거나 숙제를 주고받는 일도 흔해졌다. 좋은 학교가 있는 동네 집값이 비싸야 할 이유가 점점 사라지는 셈이다. 공장은 또 어떤가. 일터는 인구가 많은 곳에 자리 잡아야 유리하다. 일손을 쉽게 구할 수 있기 때문이다. 하지만 정보와 지식 위주의 산업이 주로 발전한 선진국에서는 꼭 그렇지도 않다. 어지간한 일은 인터넷과 전화로도 간단히 해결할 수 있다.

게다가 인터넷 산업은 비싼 임대료와 집값을 견뎌 내기 어려운 구조로 되어 있다. 컴퓨터 프로그램은 '희소성'이 통하지 않는 상품이다. 여러 사람이 프로그램을 썼다고 해서 성능이 떨어지거나 닳아 없어지지 않는다. 오히려 사용자가 늘수록 상품 가치도 높아진다. 많은 사람이 사용하는 표준 프로그램으로 자리 잡게 되기 때문이다.

인터넷 판매상들은 많은 손님을 끌어모으기 위해 가격 인하 경쟁을 벌이게 마련이다. 심지어 제품을 공짜로 주는 경우도 있다. 그럴수록 비싼 임대료는 부담이 된다. 반면 일꾼은 웹을 통해 세계 어디서나 구할 수 있다. 인도에 사는 프로그래머들이 미국과 유럽의 회사들을 위해 일하는 세상 아니던가.

그럴수록 대도시의 골칫거리인 부동산 문제는 풀린다. 비좁은 곳에서 탁한 공기를 마시며 살고 싶은 사람들이 얼마나 되겠는가. 집값 싸고 공기 좋은 곳에서 도시 생활만큼의 편리함을 누리고 일자리를 구할 수 있다면, 사람들은 세상 곳곳으로 흩어지게 될 테다. 경쟁이 치열하지 않은 곳에서는 내 것 네 것을 둘러싼 싸움도 줄어들 수밖에 없다. 땅이 넉넉하고 집값도 싸진다면 자연히 부동산을 둘러싼 다툼도 사라질 것이다.

나를 부르는 소리가 들리는 마을

큰 도시에서는 사람들 사이에 끈끈함이 생기기 어렵다. 너무 많은 사람과 마주치다 보니 인간관계는 늘 데면데면하다. 반면 너무 작은 시골 마을에서는 개성을 드러내며 살기가 어렵다. 조금만 별다른 행동을 해도 금방 사람들 입에 오르내리는 탓이다. 각자 개성 있게 살아가면서도 인간적 만남이 가능한 곳은 소도시다. 창의적 인물은 대개 소도시에서 나온다. 마음이 편해야 개성을 맘껏 발휘할 수 있고 새로운 생각도 샘솟지 않겠는가. 철학자 에릭 호퍼Eric Hopper의 말이다.

창의적 천재가 많이 나오던 시절에 예루살렘, 아테네, 암스테르담 같은 도시의 규모가 어땠는지 떠올려 보면 그의 말이 틀린 듯싶지는 않다. 아리스토텔레스도 나라의 바람직한 크기는 "언덕에서 소리치면 누구나 들을 수 있는 정도"라고 했다. 발달하는 정보·통신 기술은 도시의 크기를 다시 이 정도로 줄여 놓을 듯하다.

인류가 꿈꾸는 눈으로 도시 생활을 바라본 기간은 수백 년이 채 되지 않는다. 역사상 도시는 전염병이 들끓고 사기와 혼란이 판치는 곳이기도 했다. 그래서 귀족 아닌 사람들은 대부분 '위험한' 도시보다는 시골에서 살기를 원했다. 제대로 된 일자리와 수입만 보장된다면 말이다. 현대의 도시도 별반 다르지 않다. 높은 집값은 살림을 쪼들리게 하고 각박한 인심은 가슴을 움츠러들게 만든다. 도시의 밤은 외롭다.

정보·통신 기술은 혼잡한 대도시를 누군가 뒷산에서 부르면 모두가 들을 수 있는 작은 규모의 마을로 되돌리지 않을까? 부동산의 미래는 어둡지 않다.

'저작권'과 '특허권' 문제의 색다른 해결책?

저작권과 특허권은 곳곳에서 '그리드락'을 일으킨다. 특허권 문제를 해결하느라 창의적 생각과 발전이 가로막히기 일쑤라는 뜻이다. 국내에서는 현대 미술 관련 책이 거의 나오지 못한다. 비싼 저작권료를 해결하지 못하는 탓이다. 그뿐만이 아니다. 생명을 다루는 제약 분야의 발전이 더딘 이유도 거기 있단다. 새로운 약을 내놓을 때마다 저작권 분쟁에 휘말려야 하는 탓이다.

원래 저작권과 특허권 제도는 창의력 있는 제품을 더 많이 만들어 내기 위해 마련된 제도다. 그런데 저작권과 특허권의 부작용이 창의성을 틔우는 효과보다 클 때 어떤 해결책이 가능할까?

경제가 위기에 부딪힐 때 정부는 '화폐 개혁' 같은 극단적 처방을 내리기도 한다. 아예 경제 전체를 새롭게 '포맷format'해 버리는 셈이다. 혹시 저작권과 특허권에도 마찬가지 방법을 쓸 수 있지 않을까? '지금 이 순간'부터 이전의 모든 특허와 권리를 무효화하는 것이다. 대신 그에 상응하는 대가를 나름의 잣대로 일관되게 나누어 주면 어떨까. 화폐 개혁 때 재산을 일부 보전해 주는 것처럼 말이다.

지금은 이런 주장이 그저 황당한 소리로만 들릴지도 모르겠다. 그러나 특허와 저작권 분쟁이 너무 많아지면 인류 전체가 위기에 처하는 때가 생각보다 빨리 올 수 있다.

미래를 읽는 책

김정호 지음, 《왜 우리는 비싼 땅에서 비좁게 살까》, 삼성경제연구소, 2005
헨리 조지 지음, 김윤상 · 박창수 풀어씀, 《진보와 빈곤-땅은 누구의 것인가》, 살림, 2008
마이클 헬러 지음, 윤미나 옮김, 《소유의 역습, 그리드락》, 웅진지식하우스, 2009

4

'둠'에서 '퓨처'로
—디지털 인류의 진화론을 쓰다

석유는 우리에게 공기와도 같다. 우리는 늘 석유의 도움으로 살아왔다. 그래서 석유 없는 세상은 상상하기 어렵다. 하지만 이젠 석유 없는 세상을 상상해야 한다. 석유 가격은 하늘 높은 줄 모르고 치솟는 중이다. 매장량을 경고하는 목소리도 여기저기서 튀어나온다.

오히려 석유가 사라지면 세상의 각 나라와 문명은 자신의 고유성을 찾아갈 테다. 예컨대 흙이 좋은 지방은 흙으로, 나무가 흔한 지방은 나무로 집을 짓게 될 테다. 언어와 음식, 학교도 지금과는 완연히 다른 모습일 것이다. 교류가 많지 않은 지역일수록 언어가 다양하다. 서로 만나기 어려울 정도로 숲이 빽빽한 아마존에서는 부족마다 다른 말을 쓴다. 석유를 대신할 만한 값싼 운송 연료가 나오지 않는한, 앞으로 물자와 사람의 이동은 쉽지 않을 것이다. 그때 사람들이 쓰는 언어와 먹는 음식은 어떻게 바뀔까? 글로벌 경쟁력을 앞세우는 지금의 학교는 어떻게 될까? 아직도 세상 곳곳에서 갈등을 일으키는 종교 문제는 또 어떻게 변화할까?

익숙한 것이 없어질 때 사람들은 근심에 잠긴다. 그러나 변화는 위기에서 시작된다. 4부에서는 석유, 음식, 언어, 학교, 종교를 다룬다. 석유 없는 세상이 꼭 '어두운 미래(doom)'여야 할 이유는 없다. 오히려 '밝은 미래(future)'일 수도 있다. 어쩌면 우리는 석유 없는 미래를 바라게 될지도 모른다.

18

석유의 미래

석유 없이 세상을 살아가는 법

1941년 일본이 진주만을 공격했다. 경제 규모만 해도 열 배 차이가 나는 미국이었으니, 마치 어린아이가 씨름 선수의 따귀를 때린 꼴이었다. 일본 정치가들은 그걸 몰랐을까? 얼마나 얼토당토않은 싸움인지는 그들 스스로도 잘 알았다. 하지만 일본으로서는 피할 수 없는 싸움이었다. 미국이 석유를 안 팔겠다고 으름장을 놓았기 때문이다. 중국과 인도차이나로 쳐들어간 일본군이 철수하지 않는다면 말이다. 당시 일본은 필요한 석유의 77퍼센트를 미국에서 수입하고 있었다. 기름이 없는데 전함이며 탱크가 무슨 소용이겠는가. 그들에게 석유는 생명줄이나 다름없었다.

히틀러의 상황도 마찬가지였다. 독일은 석유의 95퍼센트 이상을 수입해서 썼다. 전쟁이 길어질수록 연료 부족 문제가 심각했다. 히틀러의 눈은 소련蘇聯의 석유에 꽂혔다. 소련은 겨울에는 끔찍하게 춥고 여름에는 이글이글 타들어 가는 나라다. 나폴레옹도 무릎 꿇린 지독한 날씨를 히틀러가 몰랐을 리 없다. 그럼에도 선택의 여지가 없었던 히틀러는 소련으로 진격했다. 당장 군대를 움직일 석유가 부족한 마당에 어쩌겠는가.

석유는 물이나 공기만큼 생존에 필수적인 자원이다. 더 많은 석유를 얻기 위해 전 세계 나라들은 사흘 굶은 사람들처럼 서로 물어뜯는다. 수많은 전쟁과 테러의 뒤에는 석유를 둘러싼 갈등이 숨어 있다.

석유 파티는 끝났다

제2차 세계 대전 이후로도 석유 소비는 늘기만 했다. '편리하고 풍족한 생활'은 석유와 밀접한 관계가 있다. 잘사는 나라에서 한 집에 차 한 대는 상식이 되었다. 건물도 돌과 벽돌이 아닌 철근 콘크리트로 짓는다. 이는 더 많은 석유를 써야 얻을 수 있는 재료다. 플라스틱은 값비싼 가죽 소재를 대신했다. 이 또한 석유로 만들어진다. 나아가 화학 비료가 개발되어 퇴비를 밀어냈다. 석유가 농작물까지 키우는 셈이다.

경제가 성장할수록 석유 수요는 더욱 늘어난다. 그러나 석유는 바닥을 드러내고 있다. 수십 년 전만 해도 '석유는 절대 고갈되지 않는다'는 생각이 널리 퍼져 있었다. 이유는 간단했다. 석유가 떨어지면 사람들이 새로운 유전을 찾아 나설 테니까. 석유 값이 쌀 때는 쉽게 파낼 수 있는 유전만 개발된다. 얻을 이익이 적어 비싼 장비를 쓰지 못하는 까닭이다. 그러나 석유가 귀해지면 어떨까? 가격이 오를수록 석유를 채취하는 기계도 더 비싼 것을 쓸 수 있게 된다. 그래도 이익이 남기 때문이다. 따라서 석유가 바닥나면 어쩌나 걱정할 필요는 없다. 땅과 바다 깊숙한 어딘가에는 충분한 석유가 있다. 가격이 오르면 새로운 첨단 채굴 장비가 계속 개발될 테니, 인간은 계속 지구 속 깊이 숨어 있는 석유를 찾아 파내기만 하면 된다.

그러나 이런 주장은 사실과 전혀 달랐다. 석유 값은 이미 하늘을 찌를 만큼 치솟았다. 그럼에도 1990년 이후 하루 100만 배럴 이상을 생산해 낼 정도로 큰 유전은 발견되지 않았다. 지금 이 순간에도 석유 가격은 오르고 있다. 지난 200년간 세상을 지탱해 온 '석유 파티'가 멀지 않은 미래에 끝날 수 있다는 말이다.

유가가 380달러 되는 날

영국 북해산 브렌트유Brent oil 가격은 2011년에 1배럴당 110달러를 넘어섰다. 중국과 인도의 경제가 미국의 4분의 1 수준까지만 성장해도, 전 세계 석유 수요는 44퍼센트 늘어난다. 세상은 이미 석유에 '중독'되었다. 소비를 줄이기가 쉽지 않다는 이야기다. 대체 에너지 개발도 지지부진하다. 이런 추세라면 10년 후엔 유가가 1배럴당 380달러를 넘는 끔찍한 상황이 올지도 모른다. 기름 값이 이 지경이 되면 세상은 어떻게 변할까? '석유가 거의 없는 세상'에서 우리의 삶은 또 어떻게 바뀔까?

놀랍게도, 석유가 없는 삶이 그리 불행하진 않을 것 같다. 프랑스의 지식인 제롬 보날디Jérôme Bonaldi는 유가가 380달러에 다다른 세상의 모습을 이렇게 그린다.

경제 수준은 당연히 바닥을 기게 될 것이다. 그렇다고 경제 '활동'까지 멈추지는 않는다. 새로운 것이 콸콸 쏟아져 나오지는 않아도 시장은 여전히 활기찰 것이다. 물자가 귀하므로 물건을 고쳐 주는 가게가 곳곳에 들어선다. 헌 종이나 빈 병 등을 주워 모으는 넝마주이와 재활용 센터도 호황을 누린다. 반면 유행만 좇는 물건은 자취를 감춘다. 대신에 '튼튼하고 오래 쓸 만한 물건'이 대접받는다.

일자리 문제는 또 어떤가. 유가 380달러 시대에는 버스 요금이 지금의 비행기 삯만큼이나 비쌀 것이다. 운송비가 너무 많이 드는 탓에 '값싼 중국산' 물자나 농산물 수입은 이루어지지 않는다. 자연스레 각자가 텃밭에서 가꾼 채소와 과일이 외국산 농산물을 대신한다. 공장에서 만드는 상품도 마찬가지다. 필요한 물건을 사다 쓰는 대신, 직접 만드는 쪽을 택하는 사람이 늘어난다. 그래서 여기저기 작은 공장이 들어서기 시작한다. 석유 없는 세상에선 일자리가 부족한 경우는 드물다.

먹거리는 또 어떨까? 우리는 역사상 가장 풍요로운 식탁에서 밥을 먹고 있다. 옛날의 왕후장상도 오늘날의 노동자만큼 다양하고 푸짐한 과일과 고기, 곡식을 먹지는 못했으리라. 그런데 석유가 사라진 세상에서도 우리의 식탁 메뉴는 변함 없이 그대로일까? 반찬의 가짓수와 양은 줄지 몰라도 음식의 질은 오히려 나아질 것이다.

과거에 소는 꼴을, 돼지는 음식물 찌꺼기를, 닭은 마당에서 벌레를 잡아먹었다. 지금은 소든 돼지든 닭이든 사람이든 모두 같은 음식, 즉 콩과 옥수수를 먹는다. 그런데 석유 없는 세상에선 사료가 그리 풍부하지 않다. 귀한 콩과 옥수수를 동물에게 먹일 수는 없다는 이야기다. 옛날처럼 닭은 마당을 뛰어다니며 벌레를 먹고 소는 다시 풀을 뜯을 것이다. 당연히 식재료 값도 올라갈 테다. 하지만 이들이 모두 '유기농'이라는 사실을 잊어선 안 된다. 값이 너무 비싸 과식할 수도 없으니 다이어트도 더는 사회 문제가 되지 못한다. 건강한 식탁과 날씬한 몸매, 석유가 없는 세상에서 우리가 얻을 이익이다.

석유 없는 세상에서는 도시의 풍경도 크게 달라진다. 무엇보다 자동차가 줄어들 것이다. 출퇴근 한답시고 무게가 1톤이 넘는 자동차를 타고 다니는 일은 '못되고 비윤리적인 행동'으로 여겨질 것이다. 비싼 연료비 탓에 마차가 다시 등장한다. 1940년대 말까지 유럽 도시에는 마차가 흔하게 다녔으니 별스러운 일도 아니다. 거리는 말똥으로 지저분할지 모른다. 그러나 말똥이 자동차 엉덩이에서 뿜어 나오는 지독한 가스보다 더 견디기 어려울까? 게다가 말똥은 배기가스보다 쓸모가 훨씬 많다. 지금도 몽골 같은 곳에서는 동물 배설물을 땔감으로 쓴다. 석유가 사라지면 말똥을 거두어 주변 농가에 파는 업체가 생겨날지 모른다. 석유 없는 세상에선 말똥도 대접받는다. 거름으로 연료로. 이런 세상에선 버릴 게 하나도 없다.

충분함의 기준 만들기

이렇듯 제롬 보날디는 석유 없는 세상을 장밋빛으로 그려 보인다. 그래도 걱정은 남는다. 혹시 석유 없는 미래란 500년 전 수준으로 문명이 뒷걸음치는 것을 뜻하지는 않을까? 하지만 수력이나 태양력 발전 등을 통한 전기 생산도 계속될 것이고, 인터넷 등 주요 기술 역시 사라지진 않을 터이다. 인터넷을 통해 사람들은 물레방아 수준의 수력 발전소 만드는 법, 물자를 아껴 쓰고 효율적으로 관리하는 법 등의 정보를 나눈다. 아쉬운 부분을 묻고 답하는 게시판도 늘어날 것이다. 그럴수록 사람들 사이는 더욱 살가워진다. 돈 대신 정으로 굴러기는 세상, 석유 없는 인류의 미래는 이렇다.

우리는 석유 고갈 때문만이 아니라, 지구 환경을 위해서라도 하루빨리 석유 없는 세상을 준비해야 한다. 국제 연합UN의 기후 위원회는 2050년까지 전 세계 이산화탄소 배출량을 현재의 85퍼센트 수준까지 줄여야 한다고 주장한다. 그러지 않으면 지구 온도는 섭씨 2도 이상 올라가 버린단다.

지구 환경이 돌이키지 못할 지경에 이른다는 말이다. 망가진 기후를 바로 잡기 위해서라도 석유 소비는 억제되어야 한다. 어떻게 해야 할까?

프랑스의 사상가 앙드레 고르André Gorz는 '충분함의 기준'부터 만들어야 한다고 충고한다. 요즘 사람들에게 경제 성장은 마치 신앙처럼 되어 버렸다. 무조건 '더 많이 더 빨리' 이루어 내면 좋다는 식이다. 앙드레 고르는 그들에게 중요한 물음을 던진다. "지금처럼 엄청난 소비를 해 댈 필요가 있을까? 돈을 더 많이 벌고 더 풍족하게 쓰는 세상이 되면 우리는 좀 더 느긋하게 살까? 사랑 넘치는 인간관계를 맺게 될까?"

경제 성장과 돈벌이가 삶의 목적이 된 것은 최근 일이다. 한 세대 전까지만 해도 "노동자들은 자신이 하루에 최대한 얼마를 벌 수 있는지 따지지 않았다. 하루 생활비를 벌려면 얼마나 일해야 하는지 물었을 뿐"이다. 스스로 만족하고 자제할 줄 알았다는 뜻이다. 그러나 우리는 미치도록 빨라지는 소비의 증가 속도를 늦출 수가 없다. 예전 농부들은 소득이 충분하다고 생각하면 일을 멈출 수 있었다. 지금의 근로자들은 다르다. 사람들 대부분은 봉급생활자로 직장에 다니며 돈을 받는다. 직장인들은 충분히 벌었다고 해서 회사를 안 나갈 수 없다. 쉬어야겠다며 출근을 안 하는 직원을 계속 고용할 만큼 마음 넉넉한 직장이 어디 있겠는가.

회사를 뛰쳐나와 독립하면 되지 않느냐고? 세상살이는 이미 너무나 복잡해졌다. 예전에 대장장이는 풀무와 망치만 있으면 독립해 자신의 대장간을 차릴 수 있었다. 하지만 현대 사회에서 아무나 회사를 차려 '경쟁력 있는 제품'을 만들기란 그리 쉽지 않다. 대부분의 경우 그런 제품의 탄생은 엄청난 설비와 투자를 필요로 한다. 그것을 감당할 자가 몇이나 되겠는가? 사람들이 직장에 목매는 이유다.

유가 380달러 되는 날
석유 없어도 살 수 있거든

회사 입장도 비슷하다. 충분히 벌었다고 해서 공장 문을 닫고 쉴 수는 없다. 그랬다가는 다른 경쟁 업체가 나의 고객들을 앗아가 버릴 테다. 세상은 어느덧 늘 '필요 이상 일해야 하는 사회'가 되어 버렸다. 반면 죽도록 일해서 만든 상품은 팔리지 않고 시중에 넘쳐 난다. 경제가 돌아가지 않으니 정부는 '소비 진작振作' 방안을 내놓는다. 더 많이 일하고 위해 소중한 자원을 낭비하라고 부추기는 셈이다. 우리 삶의 방식을 바꾸지 않는 한 지금의 고단한 삶에서 벗어날 길은 없다.

다운시프트, 간디처럼 살아 보기

간디는 공장에서 만든 옷은 일부러 입지 않았다. 그는 물레를 갖고 다니며 틈틈이 옷감을 짰다. 공장의 기계에 의존하기 시작하면 곧이어 자유를 잃게 된다는 이유에서였다. 자기 땅에서 기른 곡식으로 자신이 직접 만든 음식을 먹고, 스스로 짠 옷을 입는다고 해 보자. 그래도 사람들이 돈과 직장에 전전긍긍하며 살까?

성장을 중시하는 경제는 만족할 줄 모른다. 고갈되는 석유와 환경 파괴 문제는 기술 발전과 절약만으로 절대 해결되지 않는다. 부자는 가난한 이들보다도 돈에 더 집착한다. 돈이 없으면 세상이 끝나는 줄 안다. 그러나 행복은 돈의 많고 적음에 휘둘리지 않는다. 요즘, 적게 벌더라도 자기 시간을 더 많이 가지려는 다운시프트족downshifts이 늘고 있단다. 빡빡한 직장 생활보다는 자기 마음에 맞는 일을 느긋하게 즐기고 싶어한다는 뜻이다. 세계 경제의 다운사이징downsizing에 대해서도 진지하게 고민해야 할 때다.

오일리스 르네상스가 열린다!

서양 중세를 흔히 '암흑기'라 한다. 그 시기에는 기독교의 가치관만이 온 세상을 지배했기 때문이다. 이런 잣대로 보자면, 현대 사회는 '석유 암흑기'라 불러도 되지 않을까? 석유는 기독교보다도 독하다. 온 세상을 동일한 모양새로 통일해 버렸으니 말이다. 예컨대 한국의 신도시들, 두바이의 건물, 알래스카 소도시에 새로 지어지는 집들을 보라. 그리고 세계 곳곳 사람들의 차림새를 견주어 보라.

석유는 온 세상의 모습을 똑같이 만들어 버렸다. 청바지에 티셔츠, 철근 콘크리트로 된 건물에, 석유로 굴러가는 자동차를 위한 도로 등등. 같은 에너지원을 쓰는 문명들은 서로 엇비슷해진다. 반면 에너지원이 다르면 문화도 달라진다. 티그리스-유프라테스 강 주변에 살던 사람들은 그 강의 혜택을 누렸다. 반면 몽골인들은 말과 양의 젖과 똥으로 생계를 꾸려 나갔다. 이 둘은 완전히 다른 문명을 꽃피웠다.

석유가 사라지면 어떨까? 여러 문화권은 자신들의 원래 에너지원에 매달리게 되지 않을까? 예컨대 우리나라와 일본은 다시 옛날처럼 주변에서 쉽게 구할 수 있는 나무로 집을 짓고, 그걸 땔감으로도 쓸지 모른다. 석유의 몰락은 온 세상의 문화 다양성을 회복시키는 "오일리스 르네상스[oilless Renaissance]"를 불러올지 모른다.

미래를 읽는 책

제롬 보날디 지음, 성일권 옮김, 《(거의) 석유 없는 삶》, 고즈윈, 2008
앙드레 고르 지음, 임희근 · 정혜용 옮김, 《에콜로지카》, 생각의나무, 2008

19

음식의 미래

글로벌 푸드, 진화를 이끌다?

프랑스 사람들은 치즈와 포도주를 즐겨 먹는다. 둘 다 지나치게 많이 먹으면 심장에 좋지 않은 음식이다. 그런데도 프랑스에서는 심장병이 여느 나라보다 적다. 이탈리아인들은 또 어떤가. 그들이 즐기는 피자와 스파게티는 다른 나라에선 '패스트푸드'로 통한다. 하지만 이탈리아 거리에 뚱뚱한 사람은 그리 많아 보이지 않는다.

미국인들은 이 모든 음식을 다 잘 먹는다. '피자헛' 같은 피자와 스파게티 체인점은 대부분 미국에서 탄생했다. 미국인들은 치즈도 좋아한다. 하나같이 고칼로리 음식들이다. 미국 거리는 한 덩치 하는 사람들로 넘쳐 난다. 똑같은 음식을 먹고도 한쪽은 별 탈이 없는 반면, 미국 사람들은 늘어나는 체중과 질병으로 고생한다. 영양학자들이 '프랑스인의 역설'이라 부르는 모습이다.

이는 단순히 미국의 문제만은 아니다. 세계화된 지구촌에서 전 세계 식탁은 점점 비슷해져 간다. 피자와 스파게티는 우리나라 청소년이 가장 좋아하는 음식이 되었다. 그들은 치즈 특유의 구린내도 전혀 역겨워하지 않는다. 그럴수록 우리 아이들의 체형은 미국인들을 닮아 간다. 왜 이탈리아나 프랑스 사람들에게는 별 탈 없던 음식이 다른 나라에선 문제를 일으킬까?

프랑스인의 역설

《잡식 동물의 딜레마》의 저자 마이클 폴란Michael Pollan은 그 까닭을 '문화'에서 찾는다. 프랑스인들은 코스요리의 '원조' 나라답게 음식을 아주 천천히 먹는다. 요리가 순서대로 천천히 나오니 과식하기란 쉽지 않다. 혼자 식사하는 경우도 드물다. 대화가 끊이지 않는 식탁에서 여유롭게 음식을 먹는다. 이 점은 이탈리아도 다르지 않다. 게다가 그들은 채소와 올리브기름도 많이 먹는다.

각 나라의 전통 음식치고 몸에 해로운 경우는 거의 없다. 음식 전통은 오랜 세월에 걸쳐 좋고 나쁜 먹거리를 '검증'하며 쌓여가기 때문이다. 예를 들어 일본인들은 생선회와 고추냉이를 함께 먹는다. 고추냉이는 혹시 있을지 모르는 날생선의 균을 소독하는 역할을 한다. 일본 사람들이 날것을 많이 먹지만 탈이 잘 나지 않는 이유다.

아시아에는 된장처럼 콩을 발효시켜 쌀밥과 함께 먹는 음식이 많다. 중앙아메리카 사람들은 옥수수와 라임lime을 함께 요리해 콩을 곁들여 먹는다. 쌀과 옥수수에는 사람에게 꼭 필요한 단백질 성분이 부족한데, 함께 먹는 콩이 그 부분을 채워 주는 것이다.

이처럼 전통 음식에는 영양의 균형이 잘 맞추어져 있다. 조상들이 어떤 음식이 얼마나 영양가 있는지를 지금처럼 계산해 가면서 맞추었을까? 전혀 그렇지 않다. 앞서 말했듯 오랜 세월 동안 숱한 시행착오를 거치며 좋은 식단으로 굳어진 것이다.

마이클 폴란에 따르면, 미국 식탁의 문제는 음식 전통이 없다는 데 있다. 미국에는 그 나름의 고유한 음식이 별로 없다. 원래부터 이민자들로 이루어진 나라이기에, 세계 곳곳에서 흘러온 요리들이 그들의 식탁을 채웠다. 그러다 보니 무엇을 어느 때 먹어야 좋은지, 무엇과 무엇을 같이 먹어야 더 건강에 좋은지 등, '음식 궁합'을 따지는 식문화는 제대로 자리 잡지 못했다.

미국의 식탁 문제는 이제 단지 그들만의 고민이 아니다. 세계화 탓에 세계 어느 나라나 다른 곳에서 들어온 음식들로 넘쳐 난다. '퓨전 음식'처럼 전혀 새로운 요리들도 속속 선보이고 있다. 이럴수록 먹거리에 대한 두려움도 함께 늘어난다. 어떤 음식이 우리 몸에 더 좋은지를 어떻게 알까? 과연 우리의 식탁은 제대로 꾸려지고 있을까?

"잡식 동물의 딜레마"

원래 인간의 '혀'는 어떤 음식이 몸에 좋은지 나쁜지를 가리는 역할을 한다. 몸에 이로운 먹거리에는 입맛이 끌리고, 상하거나 해로운 것에는 역겨움을 느끼는 식이다. 그러나 혀는 이제 제구실을 못한다. 입맛이 당긴다고 해서 다 좋은 음식은 아니기 때문이다. 단 음식은 맛있지만 당분이 높으면 몸에 탈이 날 수도 있다. 게다가 조미료는 혀를 간단히 속여 버린다. 질 나쁜 재료로 만든 음식도 혀에는 달달하게만 느껴진다. 싸구려 음식을 먹으면 속이 불편한 이유다.

혀도 믿을 수 없으니 우리는 영양학에 매달린다. 식품 포장에 붙은 '영양 성분'을 꼼꼼하게 살펴보는 식이다. 칼로리를 따져보고 화학 재료 이름을 더듬으며 어떤 성분인지 짐작해 나간다. 이런 모습은 코를 킁킁거리며 독버섯을 가려내는 짐승과 별다르지 않다. 이를 가리켜 마이클 폴란은 "잡식동물의 딜레마"라 부른다. 먹거리는 점점 늘어나지만, 무엇을 어떻게 먹어야 할지는 늘 고민이라는 의미다.

영양학은 믿어도 될까? 그렇지만도 않다. 때마다 우리의 식탁은 곤욕을 치른다. 예컨대 낙지 머리에 중금속이 많다는 발표가 나면 사람들은 기겁을 한다. 어제까지 즐겨 먹던 음식인데도 말이다. 그러다가 얼마 뒤에는 낙지가 몸에 좋다는 기사가 뜬다. 그러면 언제 그랬냐는 듯 다시 낙지 요릿집은 문전성시를 이룬다.

마이클 폴란은 영양학이 식품 산업과 맞닿아 있다고 주장한다. 음식을 만들어 파는 이들은 끊임없이 영양학의 '유행'을 이끈다. 음식을 팔려면 사람들의 눈길을 끌어야 하지 않겠는가. 다들 자기네 음식이 가장 맛있고 몸에도 좋다고 외쳐 댄다.

100여 년 전 미국에서는 켈로그 박사의 식이 요법이 인기를 끌었다. 세 끼 식사 모두 포도로만 배를 채우고 거의 한 시간에 한 번꼴로 관장灌腸을 하는 괴상한 식사법이었다. 괴이하기로는 요즘 유행하는 식사 방법도 마찬가지다. 우리 주변에는 몸을 가꾼다며 공장에서 만든 단백질 덩어리만 먹는 이도 있다. 한때는 고기만 먹는 다이어트가 인기를 끌었다. 하마처럼 물을 하루에 몇 통씩 들이켜야 한다는 주장이 관심을 끌기도 했다.

이처럼 음식을 둘러싼 유행은 갑자기 만들어졌다가 금세 사라지곤 한다. 우리의 혀도 믿지 못하는 세상, 마땅한 음식 문화도 없는 현실에서 대체 우리는 무엇을 먹어야 할까?

로컬 푸드는 가능할까?

윤리학자 피터 싱어Peter Singer는 윤리적 먹거리는 '로컬 푸드local food'라고 주장한다. 로컬 푸드는 자기가 사는 곳에서 나는 먹거리를 말한다. 자기 고장에서 난 음식을 제철에 먹기만 한다면 무리갈 일이 그다지 없다. 먼 곳에서 먹거리를 가져오지 않으니 석유를 태우지 않아도 된다. 또 비닐하우스처럼 작물이 자라는 환경을 일부러 꾸미느라 자연에 부담 줄 일도 없다.

로컬 푸드는 각 지방의 음식 전통과도 잘 맞는다. 전통 음식은 자기 고장에서 나는 재료를 가장 건강하게 먹게끔 굳어진 요리이게 마련이다. 그래선지 요즘은 로컬 푸드가 유기농만큼 바람직한 음식으로 떠오르고 있다.

하지만 로컬 푸드가 세계화된 식탁을 완전히 대신하기는 쉽지 않을 듯싶다. 식탁에서 승부는 재료에서 갈리는 경우가 많다. 김치에 들어가는 고추가 그런 예다. 원래 김치에는 고추가 아니라 산초山椒를 넣었단다. 젓갈의 비린 맛을 매운 산초로 가린 것이다. 하지만 산초는 많이 나지도 않고 다듬기도 쉽지 않다. 반면 고추는 푸짐하게 잘 열리고 조리도 쉽다. 그래서 고추는 순식간에 산초를 대신해 버렸다.

우리 식탁을 점령해 버린 외국 농산물도 마찬가지다. 로컬 푸드에 비해 수입 농산물이 훨씬 흔하고 값싼 경우가 많다. 게다가 세계화가 진행될수록 세계인의 입맛은 서로 비슷해진다. 우리나라에서도 젊은 사람들 중에는 쌀보다 밀가루 음식을 좋아하는 이들이 적지 않다. 로컬 푸드는 주로 그 지역 사람들이 즐긴다. 그렇지만 거대한 식품 기업들이 이끌어 가는 '글로벌 푸드global food'는 전 세계 사람들이 좋아한다.

많이 만들면 그만큼 값이 싸진다. 당연히 로컬 푸드는 가격 경쟁에서 밀릴 수밖에 없다. 그럴수록 전 세계의 먹거리는 더욱더 비슷해져만 간다. 음식도 유행을 타는 시대, 이런 상황에서 과연 로컬 푸드가 건강한 식탁을 이끌 수 있을까?

먹거리의 진화, 식탁의 미래는?

인간은 음식 문화를 통해 자연마저 길들여 왔다. 예를 들어 보자. 자연에서 나무는 풀을 이기게 마련이다. 높이 솟구쳐 올라 햇볕을 온통 차지해 버리는 까닭이다. 하지만 인간에게 유익한 풀들은 나무를 이겨 냈다. 사람들이 뛰어난 맛과 영양을 지닌 잎과 열매를 더 많이 거두기 위해 나무를 잘라 낸 것이다. 그러고는 논과 밭을 만들어 벼와 밀 등을 재배했다. 동물도 마찬가지다. 북아메리카에 사는 늑대는 1만 마리밖에 안되지만, 개는 5,000만 마리에 이른다. 인간에게 쓸모 있는 가축이 되면 후손을 더 많이 남길 수 있다.

지금도 인간은 자연을 끊임없이 길들이고 세계인의 입맛은 갈수록 비슷해지고 있다. 그럴수록 옥수수밭과 밀밭은 더욱 넓어진다. 지구 곳곳에 '상업용 작물'을 기르는 거대한 농장들이 자리를 잡았다. 키우는 소 떼도 늘어만 간다. 자연은 원래 한 가지 종種만 빽빽이 자라도록 내버려 두지 않는다. 너무 많이 모여 있다가는 전염병이 돌아 모조리 죽거나 먹이가 부족해 무리가 줄어드는 일이 반복되기 때문이다. 그러나 인간은 자연마저 '진화'시키고 있다. 버나 밀은 점점 더 병충해에 강해지고, 가축들도 질병에 강하도록 끊임없이 '개량'되고 있다. 그리고 공장에서는 이런 식재료로 물건 만들듯 먹거리를 대량으로 생산한다.

인류는 역사상 최초로 '글로벌 푸드' 시대에 접어들었다. 글로벌 푸드 시장은 온 세계 사람들이 같은 음식을 먹어도 될 만큼 똑같은 작물을 엄청나게 많이 키워 낸다. 그럴수록 환경 문제도 끊이지 않는다. 하지만 인류는 수천 년 전부터 양과 소 떼를 기르느라 숲을 없애 왔다. 논과 밭은 나머지 다른 식물을 밀어냈다. 농업과 축산업은 발전을 거듭하는 과정에서 다양한 동식물의 종을 단 몇 가지로 줄여 버리는 특성이 있다. 그러면서 자연은 서서히 바뀌어 왔다.

'글로벌 푸드' 시대에도 마찬가지 변화를 겪고 있다고 보아야 하지 않을까? 농업은 자연을 끊임없이 길들인다. 그때마다 인류의 모습도 같이 바뀌어 간다. 사냥하며 살 때의 큰 체구는 농사를 지으면서 작아졌다. 또 음식을 조리해 먹게 되면서 치아는 작아지고 두뇌는 커졌다.

인간은 가축과 작물뿐 아니라 자신의 진화 속도까지 높였다. 우리의 체격을 한 세대 전과 견주어 보라. 하지만 시행착오를 겪지 않는 진화란 없다. 음식을 둘러싸고 지금 우리가 겪는 혼란도 글로벌 푸드 시대로 '진화'하기 위한 시행착오 아닐까? 매일매일 전 세계인의 식탁에서는 무엇을 어떻게 먹어야 하는지에 대한 '실험'이 진행되고 있는 셈이다. 그러니 글로벌 푸드에 맞는 음식 문화는 생각보다 빨리 우리 삶 속에 자리 잡을지 모른다. 인간은 진화의 속도를 끊임없이 높여 왔다. 먹거리도 여기서 예외는 아니다.

다가오는 음식 '발굴'의 시대?

맥도날드 매장은 거의 모든 나라에 있다. 전 세계인의 입맛은 날이 갈수록 비슷해진다. 물론 식탁의 세계화가 꼭 '서구화'를 뜻하지는 않는다. 일본의 스시가 세계적인 음식이 되었듯 우리의 불고기도 온 세계로 퍼져 나가는 중이다. 어떤 음식은 세상 곳곳에서 유행을 타며 세계인의 식탁을 똑같은 메뉴로 채우고 있다.

그런가 하면 사라지는 음식도 많다. 불과 10여 년 전만 해도 번데기는 '혐오(?)' 식품이 아니었다. 그러나 요새는 번데기를 한입 가득 넣고 우적거리는 청소년을 보기 어렵다. 어디서나 외국인에게 '혐오감'을 주는 '전통(?)' 음식은 스러져 간다. 한편 중국의 옛 귀족들은 곰의 발바닥부터 바다제비가 침을 섞어 지은 제비집까지 먹었다. 지방간에 걸린 거위 간, 돼지 피 등 서양 귀족들의 식탁도 엽기적(?)이기는 마찬가지였다. 단조로운 식탁을 극복하려면 새로운 식재료를 '발굴'할 수밖에 없었던 탓이다.

계속되는 단조로움은 새로움에 대한 갈망을 부채질한다. 한때 퓨전 음식이 유행했다. 세계인들의 소득 수준이 좀 더 올라가면 완전히 새로운 식재료가 등장해 '더욱 도발적인' 음식 문화를 열어 가지 않을까? 옛 중국 귀족들처럼 말이다.

미래를 읽는 책

마이클 폴란 지음, 조윤정 옮김, 《잡식 동물의 딜레마》, 다른세상, 2008
주영하 지음, 《차폰, 잔폰, 짬뽕》, 사계절, 2009
장인용 지음, 《식전-팬더곰의 밥상 견문록》, 뿌리와이파리, 2010

20

언어의 미래

세상의 언어는 하나가 될까?

숲 속을 가던 사람이 곰을 만나면 어떤 일이 벌어질까? 사람과 곰은 순식간에 '대화(?)'를 나눈다. 곰은 몸을 일으켜 세우고 이빨을 드러낸다. 그러곤 낮은 톤으로 으르렁댄다. 사람은 높은 외마디 비명을 지르며 엉덩이를 낮춘 채 뒷걸음친다. 잠시 뒤 사람은 줄행랑을 놓고 곰은 사람이 더는 보이지 않을 때까지 눈길을 돌리지 않는다.

짐승과 인간이 몸으로 나눈 '대화'의 일부다. 곰이 뜻한 바는 이런 것이겠다. "여기는 내 땅이야. 함부로 들어오지 마. 자신 있으면 엉겨 보든가." 여기에 사람은 몸으로 답했다. "아아, 알았어, 알았어. 내가 갈게. 제발 때리지 마."

짐승들끼리의 대화는 늘 이런 식이다. 화가 나면 털을 세우고 이빨을 드러낸 뒤 낮게 으르렁거린다. 상대에게 잘 보이고 싶다면? 몸에 힘을 빼고 눈꼬리를 내린다. 높은 톤으로 끙끙대는 소리를 내거나 꼬리를 흔들기도 한다. 이렇듯 종과 생김새가 달라도 동물들은 이야기를 나눌 수 있다.

동물들이 살아가는 데 있어서 대화 능력(?)은 아주 요긴하다. 서로가 무슨 생각을 하는지 전혀 알 수 없다고 해 보자. 그러면 피가 튀고 살점이 떨어져 나가는 싸움을 거듭해야 할 테다. 공격이나 항복의 뜻을 서로에게 보이는 몸짓들은 그래서 생겨났을 것이다.

무너진 바벨탑 – 사람들은 언제부터 서로 다른 말을 썼을까?

사람도 여느 짐승처럼 상대의 마음을 읽는 능력을 갖고 태어난다. 여기서 인간은 한 걸음 더 나아간다. 아주 복잡한 생각도 '말'을 써서 전할 수 있다. 하지만 언어는 몸짓처럼 어디에서나 똑같진 않다.

기독교의 《성경》에 따르면, 인간은 신에게 도전하기 위해 '바벨탑'을 쌓았다. 화가 난 신은 이 높은 탑을 무너뜨렸다. 그러곤 인간들이 서로 다른 말을 쓰게끔 해 버렸다. 다시는 신에게 맞서지 못하게 하기 위해서였다. 이렇듯 신화에 따르면 인류는 원래 한 가지 언어를 썼다.

하지만 언어학자들의 생각은 다르다. 언어의 가짓수는 처음부터 엄청나게 많았다. 사냥하고 열매를 주워 먹으며 살던 시절, 인간의 무리는 많아야 10여 명을 넘지 못했다. 무리가 더 컸다가는 먹거리가 금방 바닥을 드러낼 터이다.

무리끼리는 서로 마주할 일이 없었다. 부족한 먹거리를 놓고 싸워야 할 때가 아니라면 말을 섞는 경우도 별로 없었다. 무리들은 자연스레 서로 다른 말을 썼다. 지금도 사냥과 채집으로 살아가는 아마존 같은 곳에서는 부족마다 다른 말을 쓴다.

인류가 큰 무리를 지어 살게 된 것은 농사를 지으면서부터다. 자연스레 언어도 하나로 모이져 갔다. 그 과정에서 다른 무리를 힘으로 누르며 자기 말을 쓰도록 윽박지르기도 했다. 다스리려면 무엇보다 말이 통해야 하지 않겠는가.

점점 커진 무리는 세상 곳곳으로 흩어졌다. 언어학자들은 세상의 언어를 몇 개의 큰 덩어리로 나눈다. 인도·유럽 어족, 우랄·알타이 어족, 오스트로네시아 어족 등이 그것이다. 세월이 더 흐르자 갈라진 무리는 서로 다른 말을 쓰게 되었다. 예컨대 한국어와 일본어는 둘 다 우랄·알타이 어족에 들어 있다. 지금은 다른 말이 되었지만, 원래는 같은 말을 썼던 무리에서 갈라져 나온 언어일 수 있다.

콩글리시, 칭글리시, 스팽글리시

남한과 북한이 갈라져 산 지 60여 년이 되었다. 북한 사람들이 쓰는 말은 100년 전 한국어만큼이나 우리에게 낯설게 다가온다. 수십 년의 세월이 언어에 이 정도 차이를 만들었는데, 하물며 수백 수천 년을 따로 산다면 어떻게 될까? 세상에 이토록 많은 언어가 있게 된 까닭이 쉽게 이해된다.

하지만 세상의 언어는 또다시 몇 개로 합쳐지고 있다. 세계화 시대, 사람들이 서로 만날 일이 많아진 탓이다. 영어는 우리 시대의 '국제어'로 자리 잡았다. 국제어로서의 영어는 미국이나 영국 사람들이 쓰는 말과는 조금 다르다.

1959년 미국은 '미국의 소리' 방송을 시작했다. 이는 전 세계를 대상으로 자신들의 입장을 전하는 라디오 채널이다. 방송에서는 1,500개 정도의 낱말만 쓴다. 문장도 짧고 간단하다. 방송을 듣는 이들은 대부분 영어를 모국어로 쓰지 않는다. 그러니 뜻한 바를 제대로 알리려면 쉽고 분명한 영어를 써야 할 테다.

이처럼 국제어로 쓰이는 말은 본래의 그 언어보다 간단하고 단순하다. 옛 그리스어도 그랬다. 기독교의 《성경》에서 《신약 성경》은 그리스어로 되어 있다. 학자들은 《신약 성경》에 쓰인 그리스어를 '헬라어'라고 부른다. 헬라어는 요즘으로 치자면 상인들이 쓰는 영어와 비슷했다. 수백 개 정도의 낱말만으로 꼭 필요한 말만 쓰는 '서바이벌 잉글리시' 수준이라는 뜻이다.

게다가 국제어에는 여러 나라 말이 섞이게 마련이다. 똑같은 영어라도 쓰는 사람들의 모국어에 따라 발음이나 문장 모양새가 묘하게 바뀐다. 예컨대 한국인이 쓰는 영어인 콩글리시와 중국인들의 칭글리시Chinglish, 스페인 사람들의 스팽글리시Spanglish는 차이가 있다. 이렇듯 국제어는 여러 말과 섞이면서 원래 언어와는 다른 모습으로 변해 간다.

권력이 된 언어,
왜 우리는 영어에 목숨을 걸까?

옛날 서양 귀족들은 당시의 국제어였던 프랑스어에 목숨을 걸었다. 외국인들과는 당연히 프랑스어로 대화했고, 심지어 자기들끼리도 프랑스어를 썼다. 우리의 역사에서도 비슷한 예를 찾을 수 있다. 쉬운 우리말로도 얼마든지 뜻을 진할 수 있었지만, 나라의 관리들은 굳이 어려운 한문으로 문장을 지었다. 왜 그랬을까?

모국어는 머리 싸매고 공부하지 않아도 자연스레 익히게 된다. 그러나 국제어는 공부를 해야만 입과 귀가 트인다. 외국어를 자연스레 내뱉는 이들은 뭔가 대단한 능력을 갖추고 있는 듯 보인다. 그가 쓰는 언어가 자기들보다 잘나가는 나라의 말이라면 더욱 그렇다.

그래서 국제어는 단순한 '언어' 이상의 의미를 지닌다. 국제어를 자기 말처럼 쓰는 사람들은 프리미엄까지 누린다. 우리 주변에도 영어 앞에만 서면 한없이 움츠러드는 이들이 많다. 명문 학교에 들어가거나 대기업에 취직하려면 높은 영어 점수는 기본이 된 지 오래다. 그래서 너도나도 굳이 쓸 일이 없어도 국제어 공부에 매달린다. 영어 성적표는 점점 신분을 가리는 증명서처럼 되어 간다.

에스페란토가 국제어로 자리 잡지 못한 이유

하지만 국제어를 쓰는 사람들은 영원히 '2등'일 뿐이다. 원래 그 나라 말을 쓰던 사람에 견주면 '남의 말을 쓰는 외국인'에 지나지 않는다는 의미다. 그러나 새롭게 만들어진 언어는 다르다. 인공 언어를 만들려는 노력은 그래서 나왔다.

가장 널리 알려진 인공 언어인 에스페란토Esperanto는 1887년 유태계 폴란드 사람 자멘호프가 만들었다. 에스페란토처럼 '발명'된 언어에서는 누구나 주인공이 된다. 게다가 에스페란토는 사람들 누구나 쉽게 배우도록 만들어졌다. 예외도 없고 문법도 단순하다. 국제어로 사용하기에는 영어나 프랑스어보다 훨씬 적절하다.

에스페란토 말고도 지금까지 만들어진 인공 언어는 무려 800개가 넘는다. 그러나 안타깝게도 이 가운데 성공한 언어는 아직 없다. 앞으로도 인공 언어가 영어 같은 국제어를 대신할 것 같지는 않다. 왜일까?

언어는 문화에 뿌리를 둔다. 영어는 영국과 미국에서 주로 쓰인다. 영국과 미국의 문화는 지금 세상을 지배하고 있다. 세상 어디서나 사람들은 서구인처럼 옷을 입고 할리우드 영화를 즐긴다. 예전에 프랑스어도 다르지 않았다. 프랑스의 책과 옷이 유럽의 궁정을 가득 채웠을 때, 사람들은 프랑스어를 배우려고 열심이었다.

반면 에스페란토 같은 언어에는 '문화'라는 뿌리가 없다. 백만장자인 워런 버핏은 젊은 시절 에스페란토에 빠져들었다. 그러나 지금은 그도 에스페란토에 별 관심이 없는 듯하다. 에스페란토가 어느새 '괴짜들의 말'이 되어 버렸기 때문이다. 에스페란토를 상징하는 녹색 별은 이제 '현실과는 거리가 먼 이상한 사람들'을 뜻하게 되었다. 이처럼 밑바탕이 되는 우수한 문화가 없다면 언어가 국제어로 자리 잡기는 쉽지 않다.

'거시기'의 경쟁력

영어는 1960년대에 이미 전 세계 우편물 표기의 70퍼센트, 방송 언어의 60퍼센트를 차지했다. 다른 언어들은 영어에 밀려 빠르게 사라져 갔다. 유럽에서도 켈트어, 웨일스어, 브르타뉴어 등은 이제 더는 듣기 어렵다. 우리나라도 마찬가지다. 제주도 방언 같은 독특한 지역 언어는 표준어에 밀려 점차 희미해져 간다. 이와 동시에 우리말 자체도 점점 영어식으로 바뀌고 있다. '엘리베이터', '컴퓨터', '노트' 등 아예 영어가 우리말처럼 그냥 쓰이는 경우도 많다. 요즘 아이들은 영어 동화책을 우리말 그림책만큼이나 많이 읽는다. 이러다가는 한국어도 언젠가 영어에 밀려 '사라진 언어'가 될지도 모른다.

이제 세상의 말들은 몇 개의 큰 언어로 합쳐지고 있다. 세계화 시대, 인터넷 발달은 또다시 영어로 언어를 통일해 가는 모양새다. 그렇다면 영어 이외의 언어는 모두 사라져 버리지 않을까?

그러나 세계화와 인터넷도 세상의 언어를 하나로 완전히 묶지는 못할 것이다. 언어는 늘 갈라지고 쪼개져 나가기 때문이다. "◐ど녕あ●┐へつ●㉭ㅋ¤"는 무슨 말일까? 초등학생들이 만든 말로 "안녕하세요"라는 뜻이란다. 인터넷에서는 이 같은 '외계어(?)'들이 넘쳐 난다. 죽이 맞는 이들이 자신들끼리만 통하는 언어를 자꾸 만들어 내는 탓이다.

'초딩', '엄친아', '즐감', '깜놀' 등이 인터넷에서 태어난 낱말이다. 인터넷에서는 지금도 수많은 말이 새롭게 만들어진다. 사람들이 몰리는 인터넷 카페, 사이트마다 주로 쓰는 별도의 단어와 말투가 있을 정도다. 처음 보는 사람들은 그 뜻이 무엇인지 종잡을 수 없는 경우도 많다.

그뿐만이 아니다. 국제어의 표현력은 모국어에 비해 늘 부족하다. 예컨대 '거시기하다'를 영어로는 뭐라고 해야 할까? 아무리 궁리해도 '거시기'한 마음을 적절히 나타낼 말이 떠오르지 않는다. 많은 언어학자가 '이중 언어 사용'을 강조하는 이유는 여기에 있다. 지역의 말들은 국제어만큼이나 중요하다. 국제어로 나타낼 수 없는 섬세하고 중요한 뜻과 의미를 담고 있기 때문이다.

농업은 언어를 하나로 묶었다. 하지만 세월은 또다시 언어를 여러 지역의 말로 갈라놓았다. 세계화와 인터넷은 세상의 언어를 영어로 통일해 가는 중이다. 그러나 인터넷 공간에서는 또다시 숱한 언어가 태어나고 있다.

음... 그게...
좀 거시기하군
이 글자를
어떻게 해석할수
있을까요?
오 마이 갓!
거시기

예전에 언어는 지역에 따라 갈렸다. 지금의 네티즌들은 특성과 관심에 따라 서로 다른 용어와 말투를 쓴다. 21세기의 언어 지도가 어떻게 그려질지 자못 궁금하다.

영어 지고, 중국어 퍼지고, 한문은 뜬다?

사회학자 루비 페인은 '중산층 어법'에 주목한다. 그녀에 따르면, 중산층과 빈곤층은 쓰는 말투가 다르다. 교육받은 중산층 이상의 사람은 완벽한 문법을 갖춘 문장을 정확한 발음으로 또박또박 말한다. 더욱이 상류층 언어에는 자신들이 교육받은 외국어가 많이 녹아 있다. 우리 사회의 '식자識者'들이 말할 때도 영어가 많이 튀어나오는 것을 쉽게 볼 수 있다.

하지만 영미권의 경쟁력은 빠르게 가라앉는 중이다. 반면 중국과 아시아의 생활수준은 급속히 올라가고 있다. 일본어에 이어 중국어도 세계 언어의 하나로 자리잡고 있다.

중국의 성장 속도는 무섭다. 세계 경제에서 중국의 영향력도 날로 커지고 있다. 자칫 수십 년 안에 세계 곳곳에서 중국어가 제1외국어로 여겨지는 날이 오지 않을까? 그쯤 되면 여러 나라 말에 중국어가 자연스레 녹아들 테다.

서양의 지식인들은 라틴어와 옛 그리스어를 많이 배운다. 서양 언어의 뿌리인 라틴어와 옛 그리스어에서 교양의 깊이가 느껴지는 까닭이다. 마찬가지로 중국어가 경제와 외교 분야에서 국제어가 된다면, 동북아시아 언어의 뿌리가 되는 한문이 기본 교양으로 떠오르지 않을까? 한자를 낯설어 하는 우리 젊은이들이 주목해야 할 변화다.

미래를 읽는 책

다니엘 네틀 · 수잔 로메인 지음, 김정화 옮김, 《사라져 가는 목소리들》, 이제이북스, 2003
한나 홈스 지음, 박종성 옮김, 《인간 생태 보고서》, 웅진지식하우스, 2010
에리카 오크런트 지음, 박인용 옮김, 《이상한 나라의 언어 씨 이야기》, 함께읽는책, 2010

21

학교의 미래

교육 공간에서 생활 공간으로

1906년 1월, 대한 제국 참정대신 박제순은 경무청에 훈령을 내렸다. 흰옷을 입지 말라는 내용이었다. 옷감 물들이는 기술이 변변치 않던 시절, 세상은 흰옷 천지였다. 훈령이 내려지자 경찰은 흰옷 입은 사람들 옷에 붓으로 '흑黑', '묵墨', '칠색漆色, 옻을 발랐을 때 나는 광택으로 검은색' 같은 문구를 휘갈겼다. 망가진 옷을 다시 입으려면 사람들은 검정색 물을 들일 수밖에 없었다.

옛 교복은 왜 검정색이었을까?

법도 사람들에게 검은색 옷을 입으라고 닦달했다. 흰옷은 때가 잘 타니 쉽게 더러워진다는 이유였다. 검은색은 잘 더럽혀지지 않으니까 검은 옷이 더 '위생적'이라는 이상한 논리였다. 사실 더 중요한 이유는 다른 데 있었다. 검정은 '문명개화文明開化'를 상징하는 색이었다. 서양에서 들어온 기차나 자동차는 모두 검정색이었다. 심지어 새로운 종교를 퍼뜨리던 선교사들도 모두 검은 옷을 입고 다녔다.

당연히 학생들 교복도 검은색이어야 했을 테다. 나아가 교복은 군복과 비슷한 형태로 디자인되었다. 학생 모자는 군모軍帽같이 챙이 있었고, 윗옷 깃은 목을 덮을 정도의 '하이칼라high collar'가 보통이었다. 그 시절 학교에선 인사조차 거수경례로 했다. 교복이 학생들에게 주는 메시지는 분명했다. "나라의 문명개화를 이끄는 군인 같은 인재가 되어라."

1900년대 초반, 조선은 일본과 중국, 러시아 같은 강대국 등쌀에 시달렸다. 살아남으려면 무엇보다 강해져야 했다. 국가는 학생들이 "무쇠 골격과 돌 근육을 지닌…… 더운 피로 살아가는 소년 남자"가 되기를 원했다.

반면 지금의 교복은 '비즈니스 캐주얼'에 가깝다. 드레스 셔츠에 넥타이, 재킷과 바지. 이 역시 오늘날의 사회 풍경과 시대 요구를 반영한 것이다. 이제 세상은 '글로벌 시장'에 필요한 인재를 원한다. 대통령도 자신은 "국가의 CEO"라고 외치는 세상 아닌가.

교복이 이렇다면 교육 내용이야 두말할 나위가 없다. 1900년대 대한 제국에서 가장 중요하게 여긴 과목은 '체조'와 '외국어'였다. 나라를 지키려면 몸이 튼튼하고 외국어도 잘해야 했기 때문이다. 이에 비해 지금의 학교들은 너나없이 '글로벌 리더'를 기른다고 아우성이다. 대학에선 경영학, 공학 등 기업이 필요로 하는 학과가 인기다. 세상이 기업 중심으로 돌아가는 까닭이다. 그러고 보면 학교는 시대의 요구를 비추는 거울이기도 하다.

합격자는 33명뿐, 과거 시험의 치열함

또한 학교가 사회에 큰 영향을 끼치기도 한다. 조선 시대 '국립 대학' 격인 성균관을 예로 들어 보자. 성균관에 들어가려면 진사나 생원이 되어야 했다. 진사나 생원이 되려면 과거 시험인 소과小科를 치러야 했다. 소과는 3년에 한 번씩 열렸는데, 뽑는 인원은 진사·생원을 합쳐 고작 200명에 지나지 않았다. 전국의 수십만 명 선비들이 과거에 매달렸으니 당연히 경쟁률은 어마어마했다. 전국의 군현마다 진사와 생원이 나오는 경우는 10년에 1명 정도였단다.

조선 시대 '입시 열기(?)'는 진사와 생원을 뽑는 데서 그치지 않았다. 소과는 대과大科를 보기 위한 자격시험일 뿐이었다. 대과에서 뽑는 인원은 고작 33명에 지나지 않았다. 이 33명에 들기 위해 전국의 수많은 선비가 과거 공부에 평생을 매달렸다. 합격자의 평균 나이도 서른 살을 훌쩍 넘겼다. 숱한 선비가 과거 시험에 합격하기는커녕 평생 글공부에 매달리기만 하다 죽었다.

많은 청춘이 하릴없이 입시에 매달리는 상황, 국가에서 뭔가 대책을 내놓아야 하지 않았을까? 하지만 치열한 입시에는 나름 이로운 점이 있었다. 그 당시 과거는 '사서삼경四書三經'을 중심으로 치러졌다. 한마디로 공자나 맹자 등 유가의 가르침을 잘 이해하는 것이 중요했다.

과거를 준비하면서 선비들은 유가의 가르침을 뼛속 깊이 새겼다. 실제로 시험을 통과해 관리가 되는 사람은 소수에 지나지 않았다. 그래도 과거 덕택에 수십만 명의 선비는 유가의 가르침을 가슴 깊이 받아들였다. 유교 사상이 조선을 지배한 데는 이렇게 과거 시험이 큰 몫을 했다.

이런 점은 지금 우리 사회도 다르지 않다. 대학 입시에서 '글로벌 전형'

이 늘어나고, 입시 설명 자료에서도 '리더십'과 '비전'이라는 낱말이 자주 보인다. 기업이 세상을 지배하는 시대, 대학들은 좋은 비즈니스맨이 될 만한 학생을 좋아한다. 입시는 언제나 치열하고 명문 대학을 가는 이들은 얼마 되지 않는다. 그러나 진학을 준비하는 학생은 수없이 많다.

입시 공부를 하면서 학생들은 회사에 맞는 인재로 훈련된다. 그럴수록 사회는 점점 더 기업처럼 바뀌어 간다. 이처럼 학교와 사회는 서로에게 영향을 미치며 세상을 꾸려 간다.

기업은 시속 100마일, 학교는 30마일

미래학자 앨빈 토플러Alvin Toffler는 기업과 학교의 차이를 자동차 속도에 견준다. 기업이 시속 100마일160킬로미터로 달린다면, 학교는 30마일로 기어가는 꼴이다. 교육이 바뀌기가 어디 쉽던가. 세상은 빠르게 바뀌는데도 학교는 느릿느릿 따라가기만 한다. 요즘 기업들은 학교가 세상에 필요한 인재를 길러 내지 못한다고 푸념한다.

물론 학교도 교육을 '현장 중심'으로 바꾸려고 아등바등한다. 외국어는 물론이고 컴퓨터 교육과 해외 연수 등등 대학들은 기업에서 필요한 '스펙'을 길러 주기 위해 난리다. 아예 어떤 대학은 기업의 돈 관리를 다루는 회계학을 전교생 필수 과목으로 정해 놓았을 정도다. 중·고등학교는 대학의 방침을 따라가게 마련이다. 과목마다 가르치는 내용이 실생활 위주로 바뀌어 간다. 예컨대 국어 시간에 시나 소설 공부보다는 말하기나 쓰기 같은 '생활 국어'가 더 대접받는다. 영어 시간에 영국과 미국의 문학 작품을 배우지 않게 된 지는 이미 오래다. 그보다는 비즈니스맨처럼 외국인과 자유롭게 말하고 쓸 수 있는 능력이 중요해졌다.

그래도 기업들은 여전히 고개를 갸웃거린다. 기업들은 학교에서 길러 낸 인재를 데려다 쓸 '고객'이다. 그래서 그들의 입김은 학교에 큰 영향을 미친다. 눈치를 봐야 하는 학교 역시 더욱 기업과 비슷해진다. 회사처럼 선생님들도 '성과'에 따라 봉급을 달리 받고, 학생·학부모 같은 고객(?)들의 '만족도'를 가늠하여 고용 계약을 맺는다.

반면 기업은 점점 대학 같아진다. 직원들이 새로운 아이디어를 내는 데 도움을 주기 위해 쉬는 날을 늘리는 곳도 많다. 구글 같은 회사는 성과에만 매달리지 않고 좀 더 자유롭게 연구하도록 편안한 분위기를 만들어 주기도 한단다. 학교와 기업이 서로 닮아 가는 모양새다.

이런 분위기가 이어진다면, 언젠가는 기업이 학교를 삼켜 버리지 않을까? 실제로 기업 CEO가 대학 총장을 맡는 경우가 점점 늘어나고 있다. 학교도 기업처럼 경쟁해야 한다는 목소리도 높아진다. '학교의 경쟁력' 또한 세상에 필요한 인재를 얼마나 길러 내느냐로 평가되곤 한다. 아예 기업이 학교를 차지하고 교육 과정을 좌지우지하는 경우도 있다. 이제 기업이 학교를 대신하는 것은 시간문제인 듯싶다.

하긴 원래부터 교육은 일터에서 이루어졌다. 장인匠人은 얼굴을 맞대고 일하면서 자신의 후계자에게 기술을 전수하지 않았던가. 교육의 목적이 회사 일꾼을 기르는 데 있다면, 학교는 절대 기업으로부터 자유로울 수 없다.

학교는 주제 파악을 하게 만드는 곳

게다가 인터넷은 꼭 공부를 교실에서 해야 하는지에 대해서도 의문을 품게 한다. 집에서도 배울 수 있다면 굳이 학교가 필요할까? '인터넷 강의'는 학원마저 문 닫게 만든다. 그럼에도 학교가 불필요하다고 외치는 사람은 거의 없다. 학교는 단순히 지식만 가르치는 곳이 아니기 때문이다.

사회학자 이반 일리히Ivan Illich는 학교가 필요한 이유를 삐딱하게 일러 준다. 학교는 한마디로 '주제 파악'을 하게 만드는 곳이다. 사회에는 잘나가는 이도 있고, 밑바닥 인생을 살아가는 사람도 있다. 만약 어떤 이가 잘난 부모 덕분에 높은 자리를 차지했다면 어떨까? 사람들은 이를 쉽게 받아들이지 못한다. 더구나 가난하고 힘없는 부모를 둔 아이들은 얼마나 억울하겠는가. 하지만 "네가 공부를 못해서 지지리 궁상으로 살게 되었다."라고 하면 어떨까? 경쟁에서 진 결과이니 마지못해 받아들이게 마련이다. 학교는 이렇게 세상의 '신분'을 굳혀 나간다.

그러나 돈 없고 힘없는 부모를 두었다면 공부를 잘하기가 쉬울까? 학교의 경쟁은 생각보다 정정당당하지 못하다. 학교는 사람들이 차별을 쉽게 받아들이게끔 이끈다. 한마디로, 사회 속에서 사람들 저마다의 위치를 잡아 주는 데 학교가 힘을 쓴다는 뜻이다.

게다가 학교는 실업자를 껴안는 역할도 한다. 100년 전만 해도 어린아이도 일을 해야 했다. 일손이 달렸기 때문이다. 지금은 되레 일할 사람에 비해 일감이 부족한 세상이다. 만약 학교가 사라지면 어떨까? 학생들도 당연히 일터로 가야 한다. 그러면 새로운 일자리가 수백만 개는 더 필요할지 모른다. 아니, 수많은 젊은이가 거리를 헤매게 될지도 모를 일이다. 범죄도 당연히 많아질 수 있다.

일자리 부족 문제는 지금도 심각하다. 학교가 생겨난 데는 그만큼 일손에 여유가 생긴 탓도 크다. 이른바 '부자' 나라일수록 학생이 많지 않던가. 학교는 '잉여'가 되어 버린 젊은이들을 '교육'이라는 허울로 관리(?)해 주는 더없이 좋은 기관인 셈이다.

교육 기관에서 생활 공간으로

21세기 들어 학교를 둘러싼 논란은 그 내용이 점차 바뀌고 있다. 우리 사회에서는 한때, 급식을 둘러싸고 큰 논란이 빚어졌다. 무료로 모든 학생에게 밥을 먹여야 하느냐 하는 문제로 매일 시끄러웠다. 또 한편에서는 체벌 금지를 놓고 왁자지껄했다.

예전 같았으면 급식은 큰 문제가 아니었을 테다. 배고프고 맛없어도 참는 게 '교육'이라고 여겨진 탓이다. 학습이라는 문제에 비해, 배곯음이나 추위는 그다지 크게 다루어지지 않았다. 학생이 입는 마음의 상처 또한 대수롭지 않게 여겼다. 학교는 공부하러 오는 곳이다. 배움에 어찌 고통이 없겠는가.

그러나 이제 학교는 공부보다 '생활하는 곳'으로 더 중요하게 여겨진다. 교육 기능은 오히려 학교 밖에서 기대하는 분위기가 널리 퍼졌다. 학원에 기대는 이들도 셀 수 없이 많다. '평생 교육'에 대한 강조도 마찬가지다. 그 이면에는 학교보다는 기업과 사회에서 이뤄지는 교육을 더 중시하는 마음이 숨어 있지 않을까?

학교에서는 앞으로도 교육보다는 급식과 체벌 등 생활 문제가 계속해서 강조될 듯하다. '잉여'로 살아가는 삶만큼 괴로운 것도 없다. 사람은 어디에서든 자기 위치와 역할을 찾아야 한다. '할 일 없어진 10대'들의 삶을 채우는 생활 공간으로서 학교의 역할은 앞으로도 사라지지 않을 것이다.

학교, 세속의 수도원이 될까?

서양 중세에 수도원은 기도만 하던 곳이 아니다. 로마가 무너지자 유럽에선 고급문화가 사라져 버렸다. 그러나 세상과 떨어진 수도원에서는 그렇지 않았다. 수사修士들은 곧 학자이기도 했다. 로마인의 언어이던 라틴어는 학문과 예술의 언어로서 수도원에서 계속 쓰였다. 물론 실제로 살아가는 데는 수도원에서 갈고 닦은 학문과 기술이 별 소용이 없었다. 그래도 문제는 없었다. 수도원은 스스로 생계를 책임질 필요가 없었기 때문이다. 수도원에서 철학 같은 '순수 학문'이 무리 없이 가능했던 이유다.

오늘날 기업은 학교를 '접수'하고 있는 중이다. 교육 과정이 기업의 필요에 영향을 받은 지는 오래되었다. 이젠 아예 기업이 학교 운영을 도맡아 하는 경우도 드물지 않다. 나아가 '호텔 경영학과' 등 실무를 내세운 학과들이 큰 인기를 끈다.

하지만 결국 이런 학문은 학교에서 떨어져 나가지 않을까? 대학 병원이 병원과 학교를 '겸업'하듯, 학교보다 호텔이 '호텔 경영학 교육'을 같이하는 쪽이 효과적이기 때문이다. 그렇다면 학교엔 무엇이 남을까? 철학, 역사, 문학 등, 딱히 쓸데는 없지만 인류 문명을 위해 꼭 필요한 학문만 남지 않을까? 이때 학교는 예전의 수도원처럼 "학문의 보관과 전수 기능"을 중시할지 모른다.

미래를 읽는 책

이승원 지음, 《학교의 탄생》, 휴머니스트, 2005
이반 일리히 지음, 박홍규 옮김, 《학교 없는 사회》, 생각의나무, 2009
이언 F. 맥닐리 · 리사 울버턴 지음, 채세진 옮김, 《지식의 재탄생》, 살림, 2009

22

종교의 미래

종교, '전쟁'을 넘어 '경쟁'으로

종교는 세상을 시끄럽게 한다. 이슬람 테러리스트들은 하루가 멀다 하고 사건을 일으킨다. 힌두교를 믿는 인도와 이슬람교를 믿는 파키스탄은 핵무기를 손에 쥔 채 서로 으르렁댄다. 불교 국가를 세우려는 티베트와 이를 누르려는 중국의 갈등은 또 어떤가. 종교는 세계 곳곳을 다툼과 전쟁으로 몰아넣고 있다.

그런데도 종교가 꼭 있어야 할까? 종교는 그저 분란을 일으킬 뿐이다. 도덕과 법을 제대로 세운다면 종교 없이도 세상은 잘 돌아가지 않겠는가. 노벨상을 받은 물리학자 스티븐 와인버그는 이렇게까지 말한다. "좋은 사람에게 나쁜 짓을 시키려면 종교가 필요하다."

시민 종교, 사회의 뿌리가 되다

진화론자 리처드 도킨스의 설명을 더 들어보자. 어떤 사람이 자기 아내에게 천으로 온몸을 가리고 다니라고 한다면 어떨까? 아내를 지킨다는 이유로 말이다. 그는 아내를 괴롭히는 이상한 사람이라며 세상 사람들에게 손가락질을 받을지 모른다. 하지만 이슬람 세계에서는 여인네들이 온몸을 가리는 부르카를 입고 다니는 걸 당연하게 여긴다.

리처드 도킨스는 종교를 "정신 바이러스"라고 잘라 말한다. 사람들 생각을 흐려 폭력과 잘못을 옳게 여기도록 한다는 뜻이다. 도킨스가 보기에 세상에는 종교 때문에 벌어지는 혼란과 아픔이 한두 가지가 아니다. 그렇다면 종교는 사라져야 옳다. 그럼에도 종교는 좀처럼 사라지지 않는다. 지독한 바이러스처럼 말이다. 왜 그럴까?

종교는 인간 사회에 깊이 뿌리박고 있다. 미국만 해도 그렇다. 미국은 종교의 자유를 앞세우는 나라다. 그러나 종교학자 로버트 벨라Robert N. Bellah는 꼭 그렇지만도 않다고 말한다. 미국인들은 '신에게 선택받은 사람들'이라는 자부심을 품고 산다. 미국은 청교도가 아메리카 대륙으로 건너와 세운 나라다. 마음 밑바닥에 '우리는 하나님이 특별히 고른 사람들'이라는 생각이 있을 수밖에 없다.

추수 감사절과 크리스마스는 미국에서 중요한 명절이다. 이 또한 기독교에서 귀하게 여기는 날들이다. 심지어 미국 대통령은 《성경》에 손을 얹고 취임 선서를 한다. 미국의 1달러 지폐에는 "우리는 하나님을 믿는다In God We Trust."라는 말이 버젓이 적혀 있다. 로버트 벨라는 이런 모습을 가리켜 '시민 종교Civil Religion'라고 부른다. 기독교 국가임을 굳이 명시하지 않아도 사회 전체가 종교에 뿌리를 내렸다는 뜻이다.

종교학자 차성환에 따르면, 우리나라의 시민 종교는 유교에 가깝다. 물론 유교를 종교로 믿는 사람은 우리나라 인구의 1퍼센트도 안 된다. 하지만 유교의 가르침은 우리 생활 곳곳에 배어 있다. 기독교를 믿건 불교를 믿건, 우리 사회에서 효도와 의리를 중요하게 여기지 않는 이는 없다. 무슨 일에서든 논리보다는 도리와 의리를 더 앞세우는 분위기도 유교적이다. 특히 설이나 추석 같은 명절이면 그 점을 더 실감하게 된다. 유교의 가르침에 따라 조상과 부모를 중심으로 가족이 모이지 않던가.

이처럼 종교는 사회를 이루는 가장 중요한 뿌리 가운데 하나다. 그래서 새뮤얼 헌팅턴Samuel P. Huntington은 《문명의 충돌》에서 세계를 분류할 때 어느 종교에 뿌리를 내린 문화권이냐를 기준으로 삼았다. 이 문화권들은 서로 부딪치며 다툼을 벌인다. 기독교가 중심이 된 서구 세계와 이슬람 문화권인 중동 지역의 충돌은 특히 심하다.

종교들은 왜 사이좋게 지내지 못할까?

그렇다면 종교들끼리 사이좋게 지내는 방법은 없을까? 이 물음에 대해 새뮤얼 헌팅턴은 고개를 가로젓는다. "이슬람 성전을 지을지 힌두교 신전을 지을지 하는 문제는 두 건물 모두를 짓건 아예 어떤 건물도 짓지 않건, 또는 이슬람과 힌두교를 적당히 합친 건물을 짓건 간에 해결되지 않는다." 서로 다른 종교끼리 손을 맞잡기가 그만큼 어렵다는 뜻이다.

종교를 '컴퓨터 운영 체제'에 견주어 보자. 마이크로소프트의 '윈도Windows'와 리눅스LINUX는 서로 맞바꾸어 쓸 수 없다. 하나를 쓰기로 했다면 다른 하나는 버려야 한다. 종교도 그렇다. 종교는 '사회 운영 체제'라 할 만하다. 이성계는 조선을 세우면서 고려의 국교國敎이던 불교를 억누르고 유교를 새롭게 내세웠다. 종교가 바뀌면 사회도 바뀌게 마련이다.

정복자들은 다른 나라를 삼킬 때마다 그곳에 자기네 종교를 심는 데 힘썼다. 태양신을 믿던 남아메리카 사람들이 기독교를 받아들인다면, 유럽인들은 그들을 훨씬 쉽게 다스릴 수 있게 된다. 그 사회의 근본이 되는 도덕과 윤리가 자기들의 그것과 똑같아지기 때문이다.

반면 정복을 당하는 쪽은 상대에게 끌려가지 않으려고 자신들의 종교를 대차게 내세운다. 기독교가 처음 우리 땅에 들어왔을 때도 그랬다. 기독교는 유교의 가장 중요한 의례인 제사를 없애려 했다. 제사가 사라지면 조상과 가문을 중시하는 유교의 특성은 금세 약해진다. 그러면 우리 사회는 기독교를 믿는 서구 사회의 모습과 비슷해질 테다.

한 사회가 자신의 종교를 잃는 것은 고유 성격을 잃는 것과 같다. 따라서 타협도 양보도 있을 수 없다. 기독교와 이슬람교같이 오직 하나의 신만 받아들이는 종교들에서는 더욱더 그렇다.

가느다란 최소 윤리, 차이보다는 공통점을!

그러나 유럽의 역사를 보면 종교 간의 평화가 불가능하지만은 않다. 종교 개혁이 일어난 뒤 유럽은 가톨릭과 개신교 나라로 갈려 오랫동안 전쟁을 벌였다. 독일 같은 나라는 종교 전쟁으로 전체 인구의 절반이 사라졌을 정도다. 하지만 1648년 베스트팔렌 조약으로 종교 갈등은 마침내 막을 내렸다. 이때부터 종교는 '개인의 선택' 사항이 되었다. 종교의 자유를 인정해야 할 뿐 아니라, 누구도 종교를 강요할 수 없게 된 것이다. 나아가 이제 종교는 사생활 문제로 치부된다. 어떤 종교를 믿거나 믿지 말라고 하는 일은 사생활 침해만큼이나 경우 없는 짓으로 여겨진다.

유럽 사회에는 가톨릭이나 개신교뿐 아니라 이슬람교나 유대교를 믿는 이들도 꽤 많다. 그럼에도 사회는 혼란스럽지 않다. 그 까닭 역시 유럽 사회의 밑바탕을 이루는 시민 종교의 전통에서 찾을 수 있다. 루소는《사회 계약론》에서 국가를 떠받치는 시민 종교는 이런 모습이어야 한다고 말한다.

> 시민 종교는 긴 설명 없이도 간단하게 이해할 수 있는 것이어야 한다. 종교는 현명하고 자애로운 신, 죽음 이후의 삶, 올곧은 자에게 주어지는 행복과 악한 자에게 돌아가는 벌, 사회와 법의 흔들릴 수 없는 가치에 대한 가르침을 담고 있어야 한다.

루소가 말하는 시민 종교의 특징은 어느 종교나 갖추고 있다. 종교 사이에는 차이점보다 공통점이 더 많다. 또한 '남에게 상처를 주지 말라.', '사랑하고 용서하는 마음으로 사람을 대하라.', '도둑질하지 말라.' 등은 어느 종교에서나 받아들이는 가르침이다. 새뮤얼 헌팅턴은 이를 '가느다란 최소 윤리'라 부른다.

종교가 지닌 이런 공통점을 보면 각 종교 사이의 대화와 협력은 충분히 가능할 듯싶다. 이슬람교를 믿건 기독교를 믿건 힌두교를 믿건, 사회의 근본을 이루는 도덕 윤리에는 누구나 고개를 끄덕일 테니까 말이다. 한 나라에 서로 다른 종교를 따르는 사람들이 뒤섞였어도 다툼 없이 지낼 수 있는 이유다.

특별히
신경 좀
썼어.
오, 이 포도주
맛이 괜찮은데?
평화를
위하여!

종교 전쟁에서 종교 경쟁으로

그렇다면 자신의 믿음을 널리 퍼뜨리는 것을 의무로 여기는 종교들은 어떨까? 남에게 자신의 종교를 알리고 권하는 과정에서 끊임없이 충돌이 벌어지지 않을까?

다행히 이제 각 종교는 서로 '전쟁'보다는 '경쟁'을 벌이고 있다. 종교가 개인의 문제가 된 만큼 여러 종교는 사람들의 선택을 받기 위해 노력한다. 이런 분위기 속에서 자기 종교만 옳다고 주장하는 종교는 오히려 인기가 떨어지곤 한다. 사회가 발전할수록 남을 이해하고 받아들이려는 관용의 정신이 더 강해지게 마련이다. 다른 종교에 대해 비교적 열린 자세를 갖는 가톨릭이나 불교 신자의 수가 점점 느는 까닭도 여기 있지 않을까.

한 사람이 여러 종교를 믿는다고 해도 이상하게 바라볼 필요가 없다. 2002년 문화체육관광부 자료에 따르면, 우리나라의 종교 인구는 불교 3,749만 명, 개신교 1,872만 명, 가톨릭 422만 명, 유교 600만 명, 천도교 100만 명, 원불교 133만 명, 대종교 47만 명, 기타 1,286만 명 등이다. 전부 합치면 우리나라 인구의 1.5배를 훌쩍 넘는다. 한 사람이 여러 종교를 갖고 있거나, 이 종교에서 저 종교로 옮겨 다녔다는 의미다.

그럼에도 여러 종교를 받아들이는 데 따른 고민은 크지 않아 보인다. 각 종교 사이에 차이점보다는 공통점이 훨씬 많은 까닭이다. 부모를 섬기고 가족과 사이좋게 지내며 베풀고 나누는 삶을 실천하라는 등의 큰 가르침에서 종교 간 차이는 거의 없다.

종교 전쟁은 종교 때문에 일어나지 않는다

아직도 세계 곳곳에서는 목숨을 건 종교 전쟁이 벌어진다. 그러나 겉모습만 종교 전쟁일 뿐 다툼의 진짜 이유는 이익을 둘러싼 갈등에서 불거진 경우가 대부분이다. 영토 문제가 없다면 유대교를 믿는 이스라엘과 이슬람교를 따르는 팔레스타인이 지금처럼 죽기 살기로 싸울까? 정치나 경제를 둘러싼 문제가 사라지면 종교 갈등도 자연스레 사라지곤 한다.

종교는 때로 화해의 씨앗이 되기도 한다. 이슬람이 등장하기 전, 여러 부족으로 쪼개진 아랍 세계에서는 끊임없이 다툼이 벌어지곤 했다. 이슬람은 이들이 평화롭게 지낼 방법을 일러 주었다. 똑같은 신을 믿기에 서로 형제이며 사이좋게 지내야 한다는 생각을 갖게 한 것이다. 이처럼 종교 때문에 기존의 다툼이 사라지기도 한다. 간혹 주변에서 신앙을 계기로 평화를 되찾는 가정도 보게 되지 않던가.

루소는 사회가 안정적으로 통합되기 위해서도 종교는 꼭 필요하다고 말한다. 어떤 나라에나 사람들을 하나로 묶어 주는 신화가 있게 마련이다. 신이 만든 사회와 법에 누가 감히 맞서겠는가. 종교는 이익에만 매달리려는 세상에서 그 이상의 가치를 일깨워 주는 역할도 한다. 종교는 사람들에게 인간을 뛰어넘는 희생과 용서의 힘을 주곤 한다.

유럽에서 종교 사이의 관용이 자리 잡기까지는 1,000년 넘는 세월이 걸렸다. 세계 곳곳에서 벌어지는 종교 전쟁이 사라지는 데도 그만한 시간이 필요할지 모른다. 그러나 진정한 종교인들은 종교 사이의 차이점보다 공통점을 눈여겨본다. 21세기에도 국제 사회에서 여전히 위력을 떨치는 종교의 모습이 걱정되지 않는 이유다.

종교는 생물학의 '검증'을 받아야 한다?

서양 중세에서 철학은 종교의 시녀侍女였다. 종교는 당대의 인정받는 학문에 기대어 자신의 교리教理를 정당화하곤 한다. 신탁信託이 널리 퍼졌던 고대 그리스에서는 신화가 곧 신앙의 뿌리였다. 서양 중세에는 플라톤 철학과 아리스토텔레스 논리학이 최고의 교양으로 통했다. 따라서 종교 역시 치밀한 논리와 체계적 철학으로 자신의 가르침을 정리해 내곤 했다. 그럴수록 종교는 더 호소력 있게 사람들에게 다가갔다.

오늘날 가장 권위 있는 학문은 무엇일까? 당연히 '과학'이다. 고집 센 사람도 '과학적' 증거 앞에선 꼬리를 내려야 하는 세상 아니던가. 에드워드 윌슨의 《통섭》에서 보듯 생물학은 문화를 설명해 내는 능력이 특히 강한 과학이다.

그렇다면 앞으로의 신학神學은 철학 대신 과학, 그중에서도 생물학에 기대게 되지 않을까? 실제로 독일의 '나치즘'과 북한의 '주체사상' 같은 유사 종교는 '진화'나 '생존 투쟁' 같은 개념을 자기 사상의 설득 근거로 끌어들였다. 유전학 같은 첨단 분야가 더 발전한다면 전통적인 종교들도 생물학으로 교리를 뒷받침하려 할지도 모른다.

미래를 읽는 책

새뮤얼 헌팅턴 지음, 이희재 옮김, 《문명의 충돌》, 김영사, 1997
차성환 지음, 《글로벌 시대의 시민 종교》, 삼영사, 2000
장 자크 루소 지음, 정영하 옮김, 《사회 계약론》, 산수야, 2011

철학의 미래, '퍼즐'에서 다시 '문제'로

비트겐슈타인과 칼 포퍼는 살아생전 서로 딱 10분 마주쳤다. 케임브리지에서 열린 학회 자리였단다. 격렬한 논쟁 끝에 비트겐슈타인이 부지깽이를 집어 들었다. 화가 나서 부지깽이를 흔들던 그는 곧 학회장을 나가 버렸다. 이른바 '부지깽이 스캔들'이라 불리는 사건이다.

비트겐슈타인은 왜 포퍼에게 화를 냈을까? 긍정심리학Positive Psychology의 대가였던 마틴 셀리그먼은 한때 철학을 전공했다. 그는 비트겐슈타인이 포퍼에게 왜 화를 냈는지, 그 이유를 다음과 같은 그의 말에서 찾는다.

> "철학은 이제 퍼즐 풀기를 멈추고 문제를 다루어야 합니다."

비트겐슈타인은 '삶의 문제'를 연구하느라 평생을 바쳤다. 세상에 대한 올바른 지식 찾기, 이 점에서 철학은 과학과 다르지 않다. 오류를 드러내고 신비를 밝히는 노력은 퍼즐 풀기와 비슷하다. 철학은 한동안 이런 과제에 매달렸다. 분석 철학이나 과학 철학의 노력이 여기에 들겠다.

하지만 철학이 힘을 써야 할 과제는 '삶의 의미 탐구' 아닐까? 사람은 누구나 의미 속에서 살아간다. 하루 열 시간씩 돌을 캐는 노동을 예로 들어보자. 입에 풀칠하려고 마지못해 돌을 캔다면 기분이 좋을까? 반면 자신이 지은 죄를 용서받기 위해 돌을 캐는 것이라면? 그래서 땀을 흘릴수록 내 죄가 가벼워진다면?

중노동을 하는 상황 자체는 전혀 바뀌지 않아도, 처한 현실에 어떤 의미가 있는지에 따라 행복과 불행은 갈린다. "민족중흥의 역사적 사명을 위해" 삽을 들었을 때와, 일당 5만 원을 벌기 위해 삽자루를 쥔 사람의 마음가짐은 다르다.

철학은 왜 사는지, 세상의 올바른 모습은 무엇이며, 나는 무엇을 위해 살아야 하는지 등등, 큰 물음의 답을 찾는 학문이다. 이 점에서 내가 펼친 작업은 '철학함'에 다름 아니다.

나는 석사 학위 논문으로 플라톤 《소피스트》의 '비존재to mē on: Non-being' 논쟁을 다루었다. 존재와 지식을 놓고 벌어지는 정교한 형이상학적 논의를 다룬 글이다. 스물일곱 살 때 나는 이런 퍼즐 풀기가 철학의 본래 모습이라 믿었다.

그러나 어느덧 나는 플라톤 《법률Nomoi》에 나오는 소크라테스처럼 철학을 하고 있다. 여기서 소크라테스는 교육 문제에서 결혼과 출산, 군사 훈련, 범죄와 재판, 유산 상속에 이르는 시시콜콜한 문제를 꼼꼼히 다룬다. 언뜻 산만해 보이지만 그의 논의는 한길을 걷는다. 올바르고 정의롭게 사는 것, 그에게 삶의 의미는 거기 있었다.

우리 시대에 가치 있는 삶이란 무엇일까? 철학은 제대로 된 의미를 찾기 위해 '상식'을 흔들어 댄다. 잘못된 길은 아니 가는 것만 못하다. 물론 인생의 정답 찾기는 불가능에 가깝다. 큰 산은 오를수록 모양새가 달라지는 법, 지금 내게 보이는 인생이 '삶의 본래 모습'은 아닐 테다. 그럼에도 찾고 또 찾는 노력은 중요하다. 훈련된 판사라 해서 꼭 옳은 판결을 내리지는 못한다. 그러나 노력은 그의 판결을 좀 더 진리에 가깝게 만든다. 진정한 의미를 좇기 위한 의심과 탐구도 인생을 조금씩 진리로 끌어 올릴 테다.

이 책은 나의 열 번째 저작이다. 이번에도 《독서평설》의 윤소현 편집장이 원고를 이끌어 주었다. 10년 넘는 세월 동안 내 글을 다듬어 준 그이는 나의 지음知音이다. 하고 싶은 말을 나보다 깊게 짚어 주는 친구를 둔 나는 행복한 작가다. 아울러 휴머니스트 편집부에 감사드린다. 계약에서 출간까지 우여곡절이 많았다. 모두 나의 게으름 탓에 벌어진 일이었다. 끝없는 인내로 기다려준 휴머니스트 출판사에 죄송한 심정, 고마운 마음을 섞어 전한다.

칸트는 공인公人일 때와 자유인일 때를 칼같이 나누었다. 예컨대 군인은 근무 중일 때 국가를 비판해서는 안 된다. 이때 자신의 본분은 '군인'이기 때문이다. 그러나 자유 시간에는 자신의 생각을 마음껏 펼쳐도 된다. 이때 그는 '이성을 갖춘 인간'일 따름이다. 군인일 때 자유인이 되려 하고, 자유인일 때 군인이 되려 하면 그때 인간은 곤란에 부딪힌다.

나는 칸트의 가르침을 가슴으로 공감한다. 학교에서 나는 철저하게 교사로 산다. 그리고 주말과 퇴근 후에는 학자로 돌아간다. 그러나 나는 칸트보다 행복한 철학자다. '철학 교사'인 내게 근무 시간은 곧 '임상 경험'이기 때문이다. 학생들의 진지한 물음과 고민은 나에게 큰 생각거리와 깨달음을 준다. 성장하는 나의 학생들에게 박수를, 그리고 응원을 보낸다.

정독 도서관과 남산 도서관은 내게 무척 소중한 곳이다. 여가와 주말의 대부분을 나는 두 도서관에서 보낸다. 이곳의 장서와 친절한 사서 선생님들이 없었다면 나는 어떤 글도 쓰지 못했을 것이다. 이 자리를 빌려 감사드린다.

가족에 대한 고마움, 부모님에 대한 감사는 표현할 길이 없다. 나는 교사로, 철학자로 최선을 다했다. 그러나 가장 역할에 대해서는 할 말이 없다. 내 모든 책은 가족의 희생에 대한 보답이라 해도 좋겠다.

찾아보기

ㅅ

철학에게 미래를 묻다

지은이 | 안광복

1판 1쇄 발행일 2012년 4월 23일
1판 3쇄 발행일 2013년 10월 7일

발행인 | 김학원
경영인 | 이상용
편집주간 | 위원석
편집장 | 최세정 황서현
기획 | 문성환 박민영 박상경 나희영 임은선 최윤영 조은화 전두현 최인영 정다이 이보람
디자인 | 김태형 임동렬 유주현 최영철 구현석
마케팅 | 이한주 하석진 김창규 이선희 이정인
저자 · 독자 서비스 | 조다영 함주미(humanist@humanistbooks.com)
스캔 · 출력 | 이희수 com.
조판 | 홍영사
용지 | 화인페이퍼
인쇄 | 청아문화사
제본 | 정민문화사

발행처 | (주)휴머니스트 출판그룹
출판등록 | 제313-2007-000007호(2007년 1월 5일)
주소 | (121-869) 서울시 마포구 동교로23길 76(연남동)
전화 | 02-335-4422 팩스 | 02-334-3427
홈페이지 | www.humanistbooks.com

ISBN 978-89-5862-488-2 03100

만든 사람들

편집장 | 황서현
기획 | 최윤영(cyy2001@humanistbooks.com) 박상경 이보람
편집 | 남미은 이영란
디자인 | 김태형
일러스트 | 이강훈